THÈSE
POUR LE DOCTORAT

FACULTÉ DE DROIT DE LYON

MM. CAILLEMER *, doyen, professeur de Droit civil ;
     MARIRE, professeur de Droit civil ;
     GARRAUD, professeur de Droit criminel ;
     APPLETON, professeur de droit romain ;
     FLURER, professeur de Droit civil ;
     THALLER, professeur de Droit commercial ;
     ROUGIER, professeur d'Économie politique ;
     ENOT, professeur de Droit administratif ;
     AUDIBERT, professeur de Droit romain ;
     HANOTEAU, professeur de Procédure civile ;
     GOHENDY, agrégé, chargé du cours de Droit international privé ; •
     LESEUR, agrégé, chargé du cours d'Histoire générale du Droit
       Français ;
     SAUZET, agrégé, chargé du cours de Législation industrielle ;
     BECQ, secrétaire, agent comptable.

JURY DE LA THÈSE

MM. FLURER, professeur, Président ;
     CAILLEMER, doyen ;
     GARRAUD,   ⎫
     THALLER,   ⎬ Professeurs.
     HANOTEAU,   ⎭

UNIVERSITÉ DE FRANCE — FACULTÉ DE DROIT DE LYON

DROIT ROMAIN
DES DROITS DU VENDEUR NON PAYÉ

DROIT FRANÇAIS
DU DROIT DE RÉSOLUTION DU VENDEUR NON PAYÉ

THÈSE POUR LE DOCTORAT

SOUTENUE

DEVANT LA FACULTÉ DE DROIT DE LYON

Le mercredi 14 février 1883

PAR

TOMII MASSA-AKIRA

Né à Kioto (Japon)

LAURÉAT DES CONCOURS DE LA FACULTÉ

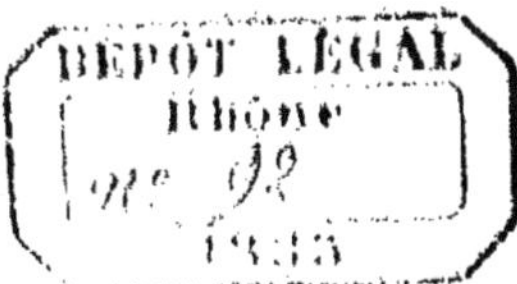

LYON
IMPRIMERIE PITRAT AINÉ
4, RUE GENTIL, 4

1883

INTRODUCTION

Le contrat de vente est le principal moteur du monde économique. Indispensable aux besoins de la société, la vente doit être organisée d'une manière toute particulière.

La théorie économique de la vente est la suivante :

Pour avoir des produits abondants et à bas prix, il faut faciliter la vente.

Et faciliter la vente, au point de vue juridique, *c'est, avant tout, laisser l'activité individuelle se déployer librement dans la sphère de ce contrat comme dans celles de tous les autres.*

C'est ensuite garantir le libre jeu de cette activité[1].

Aussi la vente est-elle, dans toutes les législations, entourée de garanties de nature à faciliter les rapports des contractants.

L'un des contractants surtout, le vendeur, se recom-

[1] Acollas, III, p. 226.

mande à l'attention du législateur : Souvent contraint par
un besoin impérieux, consentant d'ailleur à se dessaisir de
sa chose, le vendeur a droit à des garanties propres à
lui assurer le paiement du prix. Comment la loi française
a-t-elle pourvu à ses intérêts ?

Aujourd'hui le vendeur non payé a un droit de rétention
jusqu'à parfait paiement (art. 1612, C. civ.). Dans le cas
où il s'est dessaisi de sa possession, il a encore le droit de
choisir entre deux partis ; il peut :

1° Maintenir le contrat et poursuivre le paiement du prix
par les voies ordinaires, en faisant d'ailleurs valoir son
privilège (art. 2102 et 2103).

2° Demander la résolution du contrat et reprendre la
chose vendue comme s'il n'avait jamais cessé d'en être
propriétaire (art. 1654).

Rappelons enfin que dans les ventes sans termes mobilières le vendeur est encore armé d'une revendication
spéciale qui consiste, d'après l'opinion commune, dans la
reprise de son droit de rétention (art. 2102, § 4).

Telles sont les garanties accordées au vendeur non
payé, mais toutes ne furent pas connues des anciens. Comme
toutes les institutions juridiques, la vente est à l'origine
l'objet d'une réglementation imparfaite et rudimentaire ;
mais peu à peu des besoins nouveaux se créent, les transactions deviennent plus fréquentes ; aussi les lois s'oc-
cupent-elles de donner au vendeur des garanties plus nombreuses et plus efficaces.

L'étude historique de ces garanties est à coup sûr des

plus intéressantes. Nous nous proposons d'étudier en droit romain les droits du vendeur non payé en général. Passant au droit français, nous examinerons plus spécialement les règles du droit de résolution et les progrès successivement réalisés en cette matière. Cette étude plus restreinte nous a paru préférable aux développements qui seraient forcément incomplets sur l'ensemble des droits du vendeur d'immeubles ou de meubles non payé.

DROIT ROMAIN

DES DROITS DU VENDEUR NON PAYÉ

Dans la classification des choses qui peuvent faire l'objet des conventions, le droit romain n'avait pas tenu de la distinction des biens en meubles et en immeubles un compte aussi grand que le droit moderne. Notamment au point de vue des droits du vendeur non payé les règles sont les mêmes, qu'il s'agisse de meubles ou d'immeubles. Ce sont celles que nous nous proposons d'étudier.

CHAPITRE PREMIER

PRINCIPES GÉNÉRAUX

Pour sauvegarder les intérêts du vendeur non payé, le législateur romain s'était trouvé en face d'une alternative qu'il avait résolue d'une manière fort simple. Ou le vendeur n'a pas encore livré la chose : alors il n'a qu'à la conserver dans ses mains jusqu'à ce que l'acheteur paie le prix. La loi, en d'autres termes, lui accorde un droit de rétention (loi 13, § 8, Dig. liv. XIX, tit. 1). Ce droit repose sur l'équité. La vente étant, en effet, un contrat synallagmatique, les obligations du vendeur et de l'acheteur sont corrélatives, elles sont la cause l'une de l'autre, il est donc juste qu'elles s'exécutent simultanément. D'ailleurs, l'action que l'acheteur exerce en vertu du contrat étant une action de bonne foi, il serait fort mal venu à demander la chose sans offrir le prix.

Ou, au contraire, le vendeur s'est dessaisi de sa possession : ce dessaisissement ne lui enlève pas la propriété qu'il pourra à tout moment revendiquer. Quelques développements sont nécessaires sur ce point.

A Rome, le simple accord de volontés ne suffisait pas pour transférer la propriété. Ainsi la vente n'avait pour effet que de créer des obligations entre les parties contractantes. Pour que la propriété passât dans les mains de l'acheteur, il fallait recourir à la tradition (ou tout autre mode de translation de propriété). Et même après la tradition, l'acheteur ne devenait propriétaire qu'autant qu'il avait payé le prix. Jusque-là donc, le vendeur, dessaisi de sa chose, pouvait la revendiquer contre l'acheteur et même à l'encontre des tiers. Cette revendication constitue, pour le vendeur non payé, une garantie très puissante, puisqu'elle le rétablit dans la possession de sa chose et qu'elle lui épargne le concours des autres créanciers.

Mais ici se présente une objection. Sous le système formulaire, nous dira-t-on, toute condamnation était pécuniaire (Gaius, Instit. § 48, C. IV), donc la revendication du vendeur n'est pas une garantie pour lui, puisqu'elle aboutit forcément, comme l'action personnelle *venditi*, au paiement des dommages intérêts, le soumet ainsi aux risques de l'insolvabilité de l'acheteur et dans tous les cas le laisse en concours avec les autres créanciers de cet acheteur. Cela était vrai, en effet, mais pour remédier aux inconvénients d'un pareil système, les préteurs créèrent une nouvelle classe d'actions. C'est la classe des actions dites arbitraires. Alors le préteur, saisi d'une demande en revendication, donne l'ordre au possesseur de restituer la chose revendiquée. Il est vrai que cet ordre n'avait d'abord pour sanction que le paiement d'une somme d'argent. C'est du moins ce qui ressort d'un paragraphe de Gaius (Com. IV, Instit., § 163), et, au cas de dol, la fixation du *quantum* de l'indemnité est abandonnée à l'appréciation du demandeur sous la condition du *jusju- randum in litem* (loi 2, § 1, D., liv. XII, t. 3). Mais, plus tard, à cette première sanction vint s'en ajouter une nouvelle. Le préteur put faire exécuter son *jussus manu militari* lorsque le défendeur était encore en possession de la chose à restituer (Ulpien, l. 68, D. VI, 1; — l. 9 et 68, D. VI, 1).

Ainsi la tradition ne transfère la propriété de la chose vendue qu'autant qu'elle est suivie du paiement du prix. Cette règle, que les Instituies proclament conforme au droit natu- rel, remonte à la loi des Douze-Tables. On en trouve l'origine dans ce fait que la forme primitive de vente était la vente solennelle *per æs et libram*; or, pour que cette vente transférât la propriété quiritaire, il fallait que la pesée du lingot eût été effectuée. C'est de cette origine toute spéciale que dérive la règle si équitable que l'acheteur n'acquiert la propriété que par le paiement du prix.

Cette décision n'est d'ailleurs qu'une interprétation raison- nable de la volonté des parties. Le vendeur ne s'est engagé à transférer la propriété de la chose vendue qu'en vue de tou- cher le prix. Rien n'est donc plus naturel que de lui prêter, en cas de dessaisissement anticipé, l'intention de conserver sa propriété.

Mais puisque cette règle repose sur la volonté présumée des parties, elle doit cesser de s'appliquer dès qu'elle rencontre une volonté contraire. Or, il suffit à l'acheteur, pour re- pousser la revendication, de prouver que le vendeur avait suivi sa foi en lui accordant un terme pour le paiement. Il en sera de même si le vendeur s'est fait consentir des sûretés spéciales telles qu'un *fidéjusseur*, un *expromissor*, un gage. Dans ces divers cas, la loi considère le vendeur comme ayant entendu se dessaisir de sa propriété dès l'instant même de la tradition. C'est là une présomption qui ne tombe que devant une manifestation de volonté contraire au moyen d'un pacte joint portant que l'acheteur ne détiendrait la chose jusqu'au paiement qu'à titre de bail ou de précaire. Si donc, au jour de l'échéance, l'acheteur ne s'exécute pas, le vendeur n'a plus que son action *venditi* à l'effet de poursuivre le paiement du prix.

Cette action *venditi* est purement personnelle ; son résultat est de procurer au vendeur une condamnation qu'il fera exécuter contre son débiteur. Mais si ce dernier est insolvable, le vendeur se trouve exposé à subir le concours des autres créanciers. La concession d'un terme aurait ainsi pour effet de lui faire perdre et la chose et le prix. Un pareil résultat est trop contraire à la protection que mérite le vendeur non payé.

Quels furent les remèdes apportés à ces dangers ?

Il est d'abord certain que le vendeur n'avait pas d'hypothèque tacite sur la chose vendue. Seul le fisc avait cette hypothèque privilégiée.

Le vendeur avait-il au moins un privilège simple, *inter chirographarios* ? La négative est aujourd'hui généralement admise, et avec raison, à notre avis. L'opinion contraire, soutenue par Loyseau (*Traité des Offices*) et Grenier (t. II, n° 383), s'appuie sur la loi 34 (liv. XLII, t. V, D.) et les Novelles, 53 (ch. V), 97 (ch. IV et V) et 130. Il est probable que la loi 34 accorde un privilège, non pas au vendeur d'un navire, mais à celui qui a prêté des deniers *ob navem venditam*. En admettant même qu'il s'agit dans cette loi d'un privilége du vendeur, ce pourrait bien n'être qu'une décision particulière *propter navigandi necessitudinem*. Et ce n'est pas là une conjecture dénuée de tout fondement, car nous trouvons au Digeste de nombreuses exceptions admises en faveur de la navigation (l. 1, XIV, 1 ; — l. 5, 6, pr., et § 1, XX, 4).

Quant aux *Novelles*, elles sont aussi étrangères à notre sujet. Le privilége dont il est question n'est point accordé au vendeur de la milice, mais à celui qui a prêté des deniers pour l'acheter. Ces décisions relatives au prêteur de deniers s'expliquent dans une civilisation où le rôle de l'armée était considérable et où l'on voulait favoriser l'achat des grades militaires, et pour cela l'on donnait des garanties à celui qui rendait cet achat possible par un prêt. Ce motif n'existe pas en faveur de celui qui se retire du service et qui vend sa charge.

Si, au contraire, on jette les yeux sur la loi 5, § 17 et 18, *De tributoria actione*, on voit que le vendeur n'y est considéré que comme un simple créancier chirographaire, quand il a suivi la foi de l'acheteur.

Disons donc, avec Pothier (note 2 sur l'article 458 de la coutume d'Orléans), que le vendeur n'avait point de privilége garantissant l'efficacité de son action *venditi*.

Il faut de même décider que le vendeur n'avait pas, comme dans le droit moderne, un droit de résolution tacite pour défaut de paiement.

C'était, en effet, une règle générale à tous les contrats nommés, que l'inexécution de l'une des parties n'est pas une cause de résolution du contrat. Dans un contrat synallagmatique, l'obligation de l'une des parties a pour cause l'obligation de l'autre, et non l'exécution de cette obligation. De là cette conséquence que, dans la vente, dès l'instant que l'acheteur s'est engagé à payer le prix dans un délai convenu, le vendeur se trouve par là même lié et ne peut prétendre à une condictio *sine causa*, puisque l'exécution de son obligation a eu sa raison d'être.

Tout autre est un contrat innomé, un échange. Ce n'est là qu'un simple pacte dénué d'action, et l'exécution par l'un des contractants a pour cause l'exécution par l'autre. Il résulte de là que, si celui-ci n'exécute pas, le premier peut dire : *res non secuta est*. La pratique finit, il est vrai, par admettre qu'une convention de cette nature, une fois exécutée par l'un des promettants, aurait pour effet de créer un véritable contrat civilement obligatoire, ayant sa *causa* dans cette exécution même, et sanctionné par une action spéciale, l'action *præscriptis verbis*. Mais il subsista toujours un vestige du droit primitif dans le choix laissé au *tradens* de poursuivre l'exécution du contrat ou de répéter la chose par lui livrée au moyen d'une *condictio*.

C'est donc dans l'influence persistante des traditions qu'il faut chercher la raison de cette différence entre l'échange et la vente. La différence se justifie d'ailleurs, puisque l'échangiste ne trouve pas dans le droit commun les mêmes garanties que le vendeur ; celui-ci, en effet, est investi d'un droit de rétention, et même, dans les ventes sans terme, d'une revendication de propriété : que s'il consent à suivre la foi de l'acheteur, il se crée par là une situation qu'il pouvai éviter et dont, par conséquent, il devra supporter toutes les conséquences. L'échangiste, au contraire, ne peut pas retenir la chose, puisque l'échange ne se forme précisément que par une translation de propriété: en d'autres termes « l'échangiste est dans cette alternative, ou d'aliéner sa chose, ou de n'acquérir aucun droit à l'exécution de la convention ». (Accarias, *Théorie des contrats innomés*, p. 143).

Pour nous résumer, nous dirons que le vendeur qui avait suivi la foi de l'acheteur n'était muni d'aucune protection de la loi. Bien plus, dans le cas même où il avait conservé la propriété, sa position était encore très précaire. La revendication qu'il pouvait exercer était moins une revendication de la propriété qu'une simple reprise du droit de rétention, puisque, malgré l'action exercée, la vente ne subsistant pas moins avec toute son efficacité, l'acheteur pouvait à tout moment exiger la tradition en offrant le prix. C'est pour remédier à ces inconvénients que l'usage s'établit d'insérer dans le contrat de vente une clause accessoire dite *commissoire*, destinée à permettre au vendeur non payé de faire résoudre le contrat. C'est cette clause qui fera l'objet du chapitre suivant.

CHAPITRE II

DU PACTE COMMISSOIRE

(Dig. liv. XVIII, tit. 3)

SECTION I

DÉFINITION ET CARACTÈRES GÉNÉRAUX

Le pacte commissoire est une clause ajoutée au contrat de vente, en vertu de laquelle la vente sera résolue si l'acheteur ne paie pas son prix dans un délai déterminé (l. IV, n. fit.)

Ce pacte appartient à la classe des *Pacta adjecta* joints aux contrats de bonne foi. Or, les pactes de cette nature sont régis par des règles différentes suivant qu'ils interviennent *in continenti*, c'est-à-dire au moment même du contrat, ou *ex in tervallo*, c'est à dire après coup. Dans le premier cas, ils font partie intégrante du contrat, et les obligations qu'ils créent sont sanctionnées par l'action même de ce contrat. Dans le second, les pactes n'ont, au contraire, que la valeur d'un pacte isolé et n'engendrent qu'une exception. Cette dernière règle reçoit cependant une importante restriction en matière de vente ou, d'une manière plus générale, de contrats consensuels. Le pacte fait *ex intervallo* est assimilé au pacte joint *in con-*

tinenti et opère *ipso jure*, pourvu qu'il modifie l'un des éléments essentiels du contrat et que le contrat lui-même n'ait encore reçu aucun commencement d'exécution. C'est qu'en effet, l'analyse trouve ici deux conventions distinctes, la dernière étant destinée à renouveler la première. Or, ces deux conventions se suffisent à elles-mêmes, puisque le simple consentement, pouvant créer la vente, peut par cela même la dissoudre tant qu'elle n'est pas exécutée. Ce n'est qu'autant que la chose n'est plus entière que le vendeur sera réduit à l'exception *pacti*.

La fixation d'un terme pour le paiement n'est pas de l'essence du pacte commissoire. Il est vrai que les cas où un terme n'est pas fixé seront moins fréquents. Mais la clause n'a rien de contraire aux principes et présente même une utilité dans le cas de ventes sans terme. En effet, s'il est vrai que le vendeur qui a livré sa chose peut la revendiquer, cette revendication, nous l'avons dit, ne laissant pas moins subsister son obligation née du contrat, l'acheteur pourrait à tout moment exiger la tradition en offrant de payer.

C'est, au contraire, une question vivement débattue que celle de savoir si les parties peuvent imprimer au pacte commissoire le caractère d'une condition suspensive. La négative me paraît évidente. Mais, si je ne me trompe, les auteurs semblent n'avoir pas placé la question sur son véritable terrain. La définition et les exemples que les textes donnent du pacte commissoire, la nécessité qui en justifie l'usage concourent à nous démontrer que cette clause constitue essentiellement une condition résolutoire. La clause qui suspend l'existence même de la vente jusqu'au paiement ne saurait être considérée comme un pacte commissoire. Mais est-ce à dire que les parties ne peuvent valablement affecter leur contrat de cette condition suspensive ? Les partisans du système que je défends semblent admettre la négative. La

CHAPITRE II

DU PACTE COMMISSOIRE

(Dig. liv. XVIII, tit. 3)

SECTION I

DÉFINITION ET CARACTÈRES GÉNÉRAUX

Le pacte commissoire est une clause ajoutée au contrat de vente, en vertu de laquelle la vente sera résolue si l'acheteur ne paie pas son prix dans un délai déterminé (l. IV, n. 111.)

Ce pacte appartient à la classe des *Pacta adjecta* joints aux contrats de bonne foi. Or, les pactes de cette nature sont régis par des règles différentes suivant qu'ils interviennent *in continenti*, c'est-à-dire au moment même du con<...>, ou *ex in tervallo*, c'est-à-dire après coup. Dans le premier cas, ils font partie intégrante du contrat, et les obligations qu'ils créent sont sanctionnées par l'action même de ce contrat. Dans le second, les pactes n'ont, au contraire, que la valeur d'un pacte isolé et n'engendrent qu'une exception. Cette dernière règle reçoit cependant une importante restriction en matière de vente ou, d'une manière plus générale, de contrats consensuels. Le pacte fait *ex intervallo* est assimilé au pacte joint *in con-*

vente dont s'agit, disent-ils, est contractée sous une condition
potestative de la part du débiteur; or, la loi annule de pa-
reilles conventions. Cette manière de voir me paraît inadmissible. Que le vendeur ne puisse faire exécuter un contrat
qui n'existe pas encore, je le veux bien, et en ce sens, il sera
à la merci de l'acheteur. Mais qu'importe cette circonstance
à la validité du contrat. La règle que le contrat est nul lorsque son existence dépend de la seule volonté du promettant
n'est applicable qu'aux conventions unilatérales. Là, en
effet, l'engagement du débiteur n'étant pas sérieux, il n'y a
en réalité rien de fait. Tout autre est un contrat synallagmatique, une vente! Si l'acheteur ne s'engage que sous une
condition potestative, pourquoi la nullité de son engagement
empêcherait-elle l'obligation du vendeur d'prendre naissance,
si celui-ci a entendu se lier dès à présent. Dans une convention bilatérale, l'insertion d'une condition potestative de la
part d'un des contractants n'annule pas le contrat, elle a
seulement pour effet de faire dégénérer le contrat synallagmatique en un contrat unilatéral, et la loi reconnaît la validité
des contrats unilatéraux. Ne trouve-t-on pas d'ailleurs dans
les Institutes des exemples de ventes contractées sous une
condition potestative de la part de l'acheteur (Inst. III, 23,
§ 4; — l. 24, D., XVIII. 1)?

Cette vente conditionnelle n'est pas, au reste, sans utilité
pour le vendeur, puisqu'elle lui confère une action réelle
pour reprendre la chose lorsqu'il s'en est dessaisi. Le pacte
commissoire, nous le verrons, ne lui donne, au contraire,
du moins à l'époque classique, qu'une action purement personnelle.

SECTION II

ACCOMPLISSEMENT DU PACTE COMMISSOIRE

Deux cas doivent être distingués.

Premier cas : *Le pacte contient un terme pour le paie-ment.* — Une première question se pose de savoir si la seule échéance du terme opère de plein droit résolution du contrat, ou si l'acheteur doit être préalablement interpellé. Des doutes avaient existé sur ce point. D'après Ulpien, l'interpellation ne serait pas nécessaire (l. IV, § 4, h. tit.) C'est l'opinion qui avait prévalu en matière d'obligation avec clause pénale (l. 12, C., VIII, 38). Nous n'avons pas à discuter ici la grave question de savoir si, dans les obligations à terme, l'échéance du *dies* constitue *ipso facto* le débiteur en demeure et si la maxime *Dies interpellat pro homine* avait la force d'un principe légal. Nous nous bornons à dire, avec Ulpien, qu'au cas de vente avec pacte commissoire, la résolution s'opère par la seule arrivée du terme et sans sommation préalable. C'est là, ce nous semble, un point étranger à la question générale sur l'effet de l'échéance du terme. Notre solution relativement au pacte commissoire repose sur la volonté présumée des parties contractantes. Puisque, dans l'intention des parties, l'inexécution au terme constitue une condition mise à la résolution du contrat, cette condition doit être réputée accomplie par le fait seul que le prix n'a pas été payé au jour convenu.

Dès que le terme est expiré, le vendeur peut, à son choix, ou tenir la vente pour existante ou la faire résoudre. Faute par lui de prendre parti, l'acheteur a-t-il encore le droit de se libérer au moyen des offres postérieures ? Nous pensons que la question doit être résolue négativement. Le pacte commissoire étant, en effet, inséré dans l'intérêt exclusif du vendeur, la seule échéance du terme ne saurait créer pour lui une déchéance. Telle est la seule solution qui nous paraît conforme à l'intention des parties, puisque leur convention porte que la vente sera résolue faute de paiement dans le délai convenu. La loi 23 *de Recept.* et la loi 23 *de Oblig. actionib.* relative aux obligations avec clause pénale ne laissent d'ailleurs aucun doute à cet égard. L'opinion contraire compte cependant des partisans. Les arguments que l'on invoque se tirent de la loi 4, § 2, à notre titre et des lois 73, § 2 et 84, *de Oblig. act.* On nous dit que les mots *statim* et *debere* qui se trouvent dans la loi 4 sont formels. Le vendeur doit opter, mais dans quel délai ? Le texte répond *statim*, c'est à dire à l'instant même. Cette manière judaïque d'interpréter le texte nous paraît exagérée et nous ne pouvons guère nous ranger à l'opinion qui s'appuie sur l'interprétation forcée d'un mot, peut-être inséré sans intention. Dans tous les cas, une interprétation pareille n'est point dans l'esprit de la loi. La lecture du texte suffit pour se convaincre qu'il n'a pas pour but de déterminer la durée d'exercice du droit d'option, mais d'établir l'irrévocabilité de l'option une fois faite. On objecte les lois 73 et 84 déjà citées, qui décident que le débiteur peut purger sa demeure par des offres postérieures. L'objection n'est rien moins qu'une pétition de principe. La question est précisément de savoir si l'acheteur qui refuse de payer doit être considéré comme débiteur *in mora.* Cette question nous paraît devoir être résolue négativement. En effet, nous l'avons dit, le pacte commissoire est une véritable clause conditionnelle, qui s'accomplit par le seul fait du non paiement au terme convenu. Si tel est l'effet du terme, l'on ne peut y voir une mise en demeure. La *mora* ne résulte d'ailleurs que d'une sommation, sans distinguer suivant que le débiteur est obligé à terme ou purement et simplement (V. notam. l. 32, *De usuris*).

On se demande encore si le vendeur qui fait sommation après l'expiration du délai renonce par là même au bénéfice du pacte commissoire. Les textes sont malheureusement très obscurs sur ce point. Pourtant, dans la loi 4, § 4, à notre titre, Marcellus se demande si une interpellation n'est pas nécessaire à l'accomplissement du pacte commissoire. C'est donc qu'à son avis cette interpellation n'a pas pour effet de faire perdre au vendeur le droit de demander la résolution. Dans le doute, nous préférons l'opinion de Marcellus, qui nous paraît au moins plus conforme à l'équité. L'interpellation, en effet, ne constitue pas une déduction d'un droit en justice, mais un acte extrajudiciaire. Les textes qui parlent de la *petitio* comme entraînant renonciation au droit peuvent donc ne pas se référer à notre hypothèse. Puisque, dans l'intention des parties, le pacte commissoire garantit l'exécution du contrat, il est juste que le vendeur puisse ne l'invoquer qu'après avoir poursuivi le paiement du prix.

Toutes les solutions que nous venons de donner sont favorables au vendeur. Mais il est évident que l'acheteur ne saurait être indéfiniment à la merci du vendeur. Dès que le terme est échu, il pourra, au moyen d'une sommation, obliger le vendeur à prendre parti. Alors l'option que fait ce dernier demeure irrévocable (l. 4, § 2, h. tit.). Nous trouvons même au Digeste des cas où cette option est présumée faite. C'est ce qui arrive notamment si le vendeur accepte le paiement d'une partie du prix (l. 6, § 2, h. tit.) ou s'il poursuit en justice le paiement de son prix (l. 7, h. tit.).

Au reste, il suffit que l'acheteur n'ait pas payé la totalité du prix pour que la résolution lui soit encourue. Un paiement partiel fait avant le terme n'empêche donc pas le vendeur de pouvoir la demander (l. 6, § 2, h. tit.).

Deuxième cas : *Un terme n'a pas été fixé.* — Il est évident que si pour le paiement un terme avait été fixé, le même terme devrait être sous-entendu dans le pacte commissoire. Il faut donc supposer que le contrat a été fait sans terme. Nous avons dit que la clause dont s'agit est valable, nous n'avons pas à y revenir.

Nous appliquons ici les principes qui régissent la mise en demeure : l'interpellation est nécessaire. Mais aucun délai n'étant déterminé, à quel moment pourra se faire cette interpellation ? Les jurisconsultes classiques s'étaient partagés relativement aux obligations avec clause pénale. La même controverse s'élève en matière de pacte commissoire. D'après l'opinion commune, la mise en demeure n'a lieu qu'après avoir laissé à l'acheteur un *modicum tempus* pour payer. Cette opinion a son fondement dans la loi 23 *De oblig. act.* Dans cette loi, Africain prévoit le cas où un Arbitre chargé de vider un différend n'a pas fixé le délai dans lequel devrait être payée la somme d'argent à laquelle il a condamné l'une des parties, et il déclare que le juge devra accorder au débiteur *modicum spatium* pour se libérer. Et, dans le dernier alinéa, le jurisconsulte prend soin d'ajouter que cette solution est en tout point applicable au pacte commissoire. Ce pouvoir discrétionnaire accordé au juge se justifie d'ailleurs, puisque la *mora* est une question plutôt de fait que de droit (L. 22 pr. *De usuris*).

Un dernier point nous reste à examiner relativement à l'accomplissement du pacte commissoire. Pour que la clause puisse être invoquée, il faut qu'il ne soit intervenu du chef du vendeur ou d'un tiers aucun fait légitimant le retard de l'acheteur à payer. Deux mots encore sur ce point :

D'abord quand peut-on dire que le vendeur est en faute ? Il est difficile de donner une règle absolue ou une énumération complète des cas. Nous pouvons supposer, par exemple, que le vendeur, par un motif quelconque, refuse le paiement ou s'absente au jour de l'échéance sans laisser un mandataire. Dans ces cas, il suffit à l'acheteur de prouver qu'à ce moment-là il était prêt à payer. La seule question qui se pose, c'est de savoir comment il fera cette preuve. Pourra-t-il se contenter de simples offres, ou devra-t-il consigner le prix ? Nous pensons que la consignation n'est pas nécessaire. On nous oppose, il est vrai, un rescrit des empereurs Dioclétien et Maximien (l. 7, C., liv. 4, t. 54), qui astreint le vendeur à réméré à consigner le prix s'il ne trouve pas l'acheteur. Mais l'objection ne porte pas, puisque ce rescrit contient une faculté pour le vendeur à réméré et non une obligation. Et d'ailleurs, comment assimiler le vendeur à réméré à l'acheteur avec pacte commissoire ? Dans une vente à réméré, le paiement ne décharge pas seulement le vendeur d'une obligation, mais en crée une pour l'acheteur. On comprend que les simples offres ne puissent créer des obligations. Dans le cas du pacte commissoire, au contraire, l'acheteur, en payant son prix, poursuit simplement sa libération, et la loi est favorable à la libération. Cette décision est d'ailleurs confirmée par les textes (l. 51, liv. XIX, t. 1 ; — l. 8, n. til.).

Le pacte commissoire ne peut pas non plus être invoqué en cas de saisie-arrêt. Un créancier du vendeur pratique une saisie arrêt entre les mains de l'acheteur, c'est une juste cause pour celui-ci de ne pas payer (l. 8, n. til.).

Des développements qui précèdent, nous concluons que le pacte commissoire sera défailli dans les trois cas suivants : option expresse ou tacite du vendeur pour le maintien du contrat, — obstacle mis au paiement par le fait ou la faute du vendeur, — défense faite à l'acheteur de payer entre les mains du vendeur.

SECTION III

DES EFFETS DU PACTE COMMISSOIRE

Pendente conditione la vente est considérée comme pure et simple, c'est sa résolution qui est conditionnelle. Tant que la condition n'est pas réalisée, la vente produit tous les effets d'une vente pure et simple (l. 1, n. fit.). Donc, dès qu'elle est parfaite, les parties pourront agir l'une contre l'autre pour en obtenir l'exécution. Notamment l'acheteur pourra, si le vendeur a suivi sa foi, aliéner la chose, la grever de droits réels, la revendiquer, en percevoir les fruits (l. 5, n. fit.). De même, il sera *in causa usucapiendi*, s'il l'a reçue *a non nomino* et s'il est de bonne foi (l. 2, § 1, XVIII, 2; — l. 3, XVIII, 1). Enfin c'est lui qui supportera les risques, et il ne pourra jamais répéter le prix qu'il a déjà payé.

Examinons maintenant les effets de la condition accomplie. Nous aurons à rechercher d'abord quelle est la nature de l'action que la loi reconnaît au vendeur, ensuite la situation des parties, soit l'une envers l'autre, soit envers les tiers.

§ 1. — *Nature de l'action qui appartient au vendeur*

L'effet principal du pacte commissoire est de permettre au vendeur de reprendre sa chose. Mais comment et par quelle action obtiendra-t-il ce résultat ? Un premier point certain dans cette matière difficile, c'est que le vendeur a une action personnelle contractuelle contre l'acheteur. Quelle est-elle ? C'est là une question qui avait divisé les deux écoles des Proculéiens et des Sabiniens. Pourtant aucun doute qu'à l'origine l'action *Venditi* ne fût la sanction du pacte commissoire. Mais il parut étrange aux Proculéiens qu'une même action sanctionnât à la fois l'exécution d'un contrat et sa résolution. Comment admettre, disaient-ils, que la vente étant anéantie, l'action née de cette vente pour la sanctionner puisse subsister après elle ! Aussi se mirent-ils en quête d'une autre action qui n'impliquât pas la contradiction reprochée aux Sabiniens. Leur recherche ne devait pas être difficile, n'avaient-ils pas sous la main l'action *præscriptis verbis*, qui était leur œuvre ? (L. 12. XIX. 5). Les Proculéiens n'hésitèrent pas, en effet, à trouver ici une application des contrats innommés *do ut des*, le vendeur ayant livré la chose sous la condition qu'elle lui sera restituée si le prix n'est pas payé. Cette action, d'ailleurs, n'était-elle pas accordée toutes les fois qu'on hésitait à donner telle ou telle action ? (L. 1. § 1, XIX. 5).

Mais les Sabiniens, ennemis de semblables innovations, s'en tenaient à l'action *Venditi*, et ils la justifiaient par le principe qui répute compris dans un contrat de bonne foi tous les pactes faits au moment de sa formation (L. 7. § 5. D., II. 1). Lorsque l'on fait prononcer la résolution, on invoque toujours la convention intervenue entre les parties. Il faut, disaient les Sabiniens, s'en rapporter à la volonté des parties, qui est souveraine (L., 5, § 1, D., XVIII. 1). Or, il est évident qu'en insérant la clause commissoire, les parties ont voulu que le défaut de paiement déliât le vendeur envers l'acheteur, mais non que celui-ci cessât d'être obligé envers lui (L. 6. § 1, D., XVIII. 1).

Nous n'avons pas à insister davantage sur cette discussion dénuée d'intérêt pratique. Les deux actions sont personnelles et de bonne foi. Sont-elles arbitraires ? Si l'on admet avec nous que l'*arbitrium* du juge est susceptible d'exécution forcée, il semble qu'il y a un grand intérêt à savoir si l'une de nos actions est arbitraire. Pourtant cet intérêt n'est qu'apparent. En effet, l'acheteur est devenu propriétaire, et il faut son intervention pour que la propriété revienne au vendeur. S'il refuse, sur l'ordre du juge, de retransférer la propriété au vendeur, sa résistance crée un obstacle non seulement de fait, mais de droit, que la *manus militaris* est impuissante à lever. La question ne présente donc point d'intérêt. D'ailleurs, les empereurs accordèrent définitivement le choix entre les deux actions (L. 4, n. tit.; — L. 6, XVIII 5; — L. 2, C., IV, 54).

L'action *venditi* ou *praescriptis verbis*, purement personnelle, était manifestement insuffisante. Le vendeur, en effet, ne pouvait ni poursuivre sa chose entre les mains des tiers acquéreurs, ni faire tomber les droits réels dont elle avait été grevée depuis l'aliénation. Bien plus, la chose fût-elle restée franche et libre dans le domaine de l'acheteur, s'il arrivait que celui-ci refusât de la restituer en nature, son insolvabilité pouvait empêcher la pleine exécution de la condamnation. Dans tous les cas, le vendeur devait subir le concours des autres créanciers, concours pouvant lui faire perdre à la fois la chose et le prix.

Le vendeur avait-il une action plus efficace, l'action réelle? C'est-à-dire et en d'autres termes, la résolution de la vente une fois opérée entraîne-t-elle la résolution de la propriété? Il paraît certain, malgré la divergence de quelques interprètes, que, dans la pure doctrine romaine, doctrine encore dominante et presque universelle à la fin de l'époque classique, il n'y a de résolu que le contrat. La translation de propriété dont il a été la cause déterminante conserve toute sa force en vertu du principe qu'on ne peut transférer la propriété *ad tempus*, c'est-à-dire, jusqu'à une époque déterminée, à laquelle elle ferait retour à l'aliénateur (§ 283 fragm. vat.; — l. 20, C., VI, 37).

Cette doctrine qui avait le tort grave de ne tenir aucun compte de l'intention des parties ne résista pas longtemps aux exigences de la pratique. Une réaction se produisit, en effet, et timidement quelques jurisconsultes essayèrent d'introduire une théorie nouvelle consistant à tenir la translation de propriété pour rés due de plein droit en même temps que la vente. Cette idée nous paraît admise par deux jurisconsultes dans le cas particulier d'une *in diem addictio*. C'est d'abord Marcellus qui fait cesser, par l'arrivée de la condition, tous les droits de gage et d'hypothèque consentis par l'acheteur (l. 4, §3, XVIII, 2). C'est ensuite Ulpien qui, généralisant l'idée de Marcellus, refuse à l'acheteur, une fois la vente résolue, la revendication qui lui appartenait jusque là (l. 41, VI, 1). Le même jurisconsulte propose encore d'accorder au donateur *mortis causa* une revendication utile (l. 29, XXXIX, 6). Ses décisions semblent partout isolées, et si l'on considère les termes dans lesquels il formule son opinion; si l'on considère encore qu'il l'appuie sur l'autorité de Marcellus, il paraîtra évident que cette doctrine n'était autre chose qu'une innovation proposée dans un but d'utilité pratique. Mais cette innovation devait devenir une loi. Les empereurs Valérien et Gallien accordent au donateur *sub modo* une *revendicatio utilis* (C. l., 1, 1, *De donationibus quae sub modo*). C'était un premier pas dans la voie du progrès; Justinien s'y engage à son tour et consacre d'une manière définitive la possibilité d'un transport de propriété *ad tempus* (l. 2, C., VII, 55; — l. 20, C., *De legatis*). Tels sont les rapprochements ingénieux sur lesquels se base le système éclectique des romanistes français dont les conclusions nous paraissent conformes et aux principes et à l'histoire de la législation romaine.

Une dernière question nous reste à examiner. Quel est, au juste, le système d'Ulpien? Admet-il la *translatio ad tempus?* Admet-il la rétroactivité de la condition? La question ne présente pas d'intérêt relativement aux actes d'aliénation consentis par l'acheteur : Admet-on l'effet rétroactif ? on annulera ces actes comme émanés *a non domino*; le rejette-t-on ? on dira que l'acheteur n'ayant reçu qu'un droit résoluble n'a pu conférer aux tiers que des droits également résolubles, et que la résolution opère à la fois l'extinction des uns et des autres. Mais les deux doctrines aboutiront sous d'autres rapports à des conséquences opposées. Il suffit de supposer que le vendeur a consenti *pendente conditione* des droits réels sur la chose vendue. Alors ces droits sont valables ou nuls suivant que l'on admet l'un ou l'autre des deux systèmes. Nous pensons que la doctrine admise était celle de la non rétroactivité. Il résulte, en effet, de nombreux textes que l'acheteur a été seul propriétaire, capable de consentir des droits sur la chose, mais que ces droits s'éteignent par l'événement de la condition (C., l. 26, *De legatis*; — l. 20, XXXIX. 6; — l. 4, § 5. XVIII, 2).

La nouvelle doctrine d'Ulpien n'enlève pas d'ailleurs au vendeur son action personnelle *venditi* ou *prescriptis verbis* (l. 4, § 4. XVIII, 2; — l. 1, 16 *eod.* tit.; — l. 1, 4, pr. u. tit.). La preuve à faire n'est pas la même dans les deux cas. Tandis que, dans l'action réelle, le vendeur aura à faire la preuve de son droit de propriété, dans l'action personnelle, il lui suffira de prouver la clause commissoire. Ce concours des deux actions se justifie par cette considération que le juge de l'action en revendication n'a pas qualité pour s'occuper des faits antérieurs à la résolution de la propriété; donc pour toutes les prestations dues à cette époque, le vendeur n'a d'autre ressource que son action personnelle. La revendication se concevrait encore moins si le vendeur n'était pas propriétaire au jour de la tradition.

Cette dernière hypothèse nous amène au cas où la vente a porté sur une *res aliena*. Le pacte commissoire ne suspendant pas l'existence du contrat, l'acheteur s'est trouvé, s'il était de bonne foi, *in causa usucapiendi*. Il s'agit dès lors de savoir si le vendeur profite de sa possession, et par quelle action il recouvre la chose. Deux cas doivent être distingués.

Premier cas : L'usucapion est accomplie lors de la résolution. Le véritable propriétaire est irrévocablement dépouillé, et c'est au profit du vendeur que l'acheteur se trouve avoir usucapé. Cette décision n'est pas douteuse relativement à la donation *mortis causa* (l. 13, pr. 1, 33, XXXIX, 6). mais elle est évidemment applicable à la vente résolue par l'accomplissement du pacte commissoire. Mais par quelle action le vendeur pourra-t-il demander la restitution? Il ne saurait être ici question de la revendication, car il n'était pas propriétaire au moment du contrat. Dira-t-on que la vente étant résolue le vendeur est réputé n'avoir transmis à l'acheteur que la simple détention et avoir conservé pour lui même la possession *ad usucapionem?* Mais nous avons admis que la propriété est résolue sans effet rétroactif. C'est bien, d'après nous, la possession légale qui a été transférée à l'acheteur en vertu du contrat, et c'est *proprio nomine* qu'il a usucapé ; mais comme il s'est engagé à restituer la chose s'il ne payait pas son prix, il en résulte qu'il est tenu, lors de la résolution, de retransférer au vendeur la propriété qu'il a acquise. On objecte que cet acheteur n'a pas juste titre pour usucaper. Cela est vrai dans ses rapports avec le vendeur; mais, vis-à-vis du véritable propriétaire, il a pleinement qualité pour prescrire, car la vente, quoique résoluble, produit *pendente conditione* tous les effets d'une vente pure et simple. L'obligation de restituer qui lui incombe ne peut être que personnelle, et c'est par l'action *Venditi* que le vendeur lui en demandera l'exécution.

Deuxième cas : L'usucapion n'est pas accomplie. Il est évident que le vendeur n'a que l'action *Venditi*, l'action réelle appartenant au véritable propriétaire. Mais la question se pose de savoir si le vendeur réintégré dans l'objet vendu pourrait ou non joindre la possession de l'acheteur à la sienne propre. La question fut agitée spécialement à propos de la vente résolue pour vice rédhibitoire, et Ulpien accorde dans ce cas au vendeur l'*accessio possessionum* (L. 13, § 2, XLI, 2) ; mais son opinion semble définitivement consacrée pour toutes les ventes conditionnelles (L. 6, § 1, XLIV, 3 ; — L. 19, *De usurpat.*). La jonction des possessions se justifie aisément dans l'ancienne doctrine d'après laquelle la propriété ne pouvait revenir au vendeur qu'au moyen d'une rétrocession consentie par l'acheteur. Par cette rétrocession, en effet, le vendeur devient l'ayant-cause de l'acheteur, et cette qualité impliquant *justa causa* lui permet de se prévaloir de l'*accessio possessionum*, pourvu d'ailleurs qu'il soit lui même de bonne foi. Dans l'opinion du retour *ipso jure* de la propriété au vendeur, il semble que ces relations d'auteur à ayant cause ne peuvent plus s'établir entre le vendeur et l'acheteur, mais la loi 6 ci dessus nous force à l'admettre, et cette manière de voir s'explique quand on se rappelle que la nouvelle règle n'a pas enlevé au vendeur le droit de se prévaloir des anciens principes, s'il a intérêt à le faire.

§ 2. — *Droits et obligations des parties entre elles*

L'acheteur est tenu de restituer la chose vendue et avec la chose les fruits qu'il a perçus avant la résolution (L. 5, h. tit.). On a cependant soutenu l'opinion contraire en s'appuyant sur la loi 2, § 1, *De in diem addi.*, qui décide que l'acheteur fait les fruits siens. Nous repoussons cette opinion, car la loi 2 n'a pour but que de préciser les droits de l'acheteur jusqu'à la résolution. Ce qui le prouve, c'est que ce texte est d'Ulpien qui, dans la loi 4, § 4 (*eod. tit.*), décide que les fruits seront rendus, et que, dans la loi 11, § 5 (*eod. tit.*), Paul donne la même décision, ce qui contredirait la théorie par lui exprimée dans la loi 4, § 4 (*Pro emptore*). Cette règle, il est vrai, cadre mal avec la non-rétroactivité de la condition ; mais elle nous paraît certaine. Peut-être a-t-on voulu que l'acheteur ayant trahi la foi promise ne puisse tirer aucun avantage du contrat.

La chose vendue doit être rendue dans l'état où elle se trouve au moment de la résolution. A-t-elle augmenté de valeur ? c'est le vendeur qui en profite. A-t-elle, au contraire, subi des détériorations, l'acheteur ne sera responsable que de celles qui lui sont imputables.

L'acheteur est également tenu de faire cession au vendeur des actions qui peuvent lui compéter contre les tiers à l'occasion de la chose.

De son côté, le vendeur peut être assujetti à certaines prestations envers l'acheteur. C'est ainsi qu'il devra lui restituer les impenses nécessaires et la plus-value résultant des dépenses utiles (l. 14, D., XXXIV, 6). Pour les impenses voluptuaires, l'acheteur pourra seulement les enlever, à la charge de ne pas détériorer la chose (l. 27, § 5, D., VI, 1 ; — l. 16, D., XVIII, 2).

Pour les arrhes, la question ne semble pas douteuse, le vendeur ne sera pas tenu de les restituer (l. 6, n. fin.). On a cependant voulu restreindre cette solution au cas où il aurait été formellement stipulé que le vendeur les garderait (l. 8, n. fin. ; — l. 1, C., IV, 54). Ce système nous paraît devoir être rejeté. Scævola, qui pose la règle (l. 6), ne fait aucune distinction à cet égard.

Le vendeur est-il obligé de rendre les acomptes qu'il a touchés ? Des auteurs ont soutenu qu'il pouvait les garder. Scævola, dit-on, décide, dans la loi 6, que l'acheteur perd les arrhes et tout ce qu'il a donné *alio nomine*. Or, qu'est-ce qui a été donné *alio nomine*, si ce ne sont les acomptes. De plus, Neratius reconnait que l'acheteur garde les fruits, *cum pretium quod numeravit perdidit*, et Ulpien, qui rapporte cette décision, ajoute qu'elle est conforme à l'équité (l. 4, § 1, n. lit.). Nous croyons que cette opinion est mal fondée et repose sur une fausse interprétation des textes invoqués. Il nous semble impossible de placer sur la même ligne les acomptes et les arrhes. Celles-ci sont données en signe de la conclusion du contrat et de son indissolubilité; on comprend qu'elles soient perdues pour la partie qui a violé ce contrat. Les acomptes, au contraire, sont donnés en exécution de la vente. Cette vente étant résolue, le vendeur n'a plus aucun titre pour les retenir. Le système contraire conduirait d'ailleurs à des conséquences inadmissibles. Il arriverait, en effet, que plus l'acheteur aurait payé de son prix, plus il serait puni. Et l'on arrive ainsi à un résultat étrange que les suites de la résolution sont plus dures pour l'acheteur qui, par des paiements partiels, a fait au moins preuve de bonne volonté que pour celui qui n'a rien payé. Un pareil système serait trop contraire à la nature d'un contrat de bonne foi et au principe de la réciprocité en matière de restitution. Pour nous, les mots *alio nomine* désignent certaines prestations anormales comme les épingles du contrat, les acomptes payés à titre de dommages-intérêts, les indemnités stipulées pour le cas de revente à un prix inférieur (l. 4, § 3, n. lit.).

Quant au texte d'Ulpien, il ne fournit qu'un argument *a contrario* tiré du silence de la loi. De ce que Neratius dit, dans un cas déterminé, que l'acheteur recouvrera les acomptes, on en conclut que, dans tous les cas, le vendeur peut les retenir. Un argument de cette nature nous paraît peu convaincant, surtout en droit romain. Le Digeste, en effet, n'est qu'un recueil de décisions des jurisconsultes sur des hypothèses spéciales qui leur étaient soumises. Probablement la compensation dont parle Neratius n'est qu'un moyen d'éviter un circuit d'actions, et c'est peut-être pour cela qu'Ulpien qualifie son opinion de raisonnable et humaine. Pour nous, les arguments *a contrario* sont le plus souvent dangereux, et l'on ne doit s'en servir qu'autant qu'ils appuient les principes et la raison.

Pour les risques de la chose vendue, la question ne pourrait guère se présenter en fait, car de deux choses l'une : ou la chose a péri totalement, et alors le vendeur se gardera bien de demander la résolution. Ou bien elle n'est que détériorée, et alors s'il croit encore de son intérêt de poursuivre la résolution, il le pourra sans doute, mais à la condition de supporter la détérioration ; s'il veut l'éviter, qu'il tienne le contrat pour valable et demande le prix.

§ 3   *Droits du vendeur à l'égard des tiers*

Les tiers qui ont acquis des droits réels sur la chose du chef de l'acheteur sont-ils atteints par la résolution ? C'est ici qu'il faut distinguer entre les diverses périodes du droit romain. D'après la doctrine encore dominante à l'époque classique, ces droits sont maintenus, car l'action personnelle qui compète au vendeur n'a aucun effet contre les tiers. Dans la théorie d'Ulpien, au contraire, tous les actes d'aliénation tombent, puisque l'acheteur n'ayant qu'une propriété résoluble, n'a pu transmettre que des droits également résolubles. Système inique, car rien ne révèle aux tiers le caractère résoluble du droit de l'acheteur. On sait, en effet, qu'à Rome les actes translatifs de propriété n'étaient soumis à aucun régime de publicité. Le législateur qui, dans l'intérêt du vendeur, avait admis la résolution *ipso jure* de la propriété s'était peu préoccupé des intérêts des tiers, qui méritaient pourtant toute sa protection.

Le droit romain ne connaissait pas non plus le principe, si favorable à l'agriculture, de maintenir les baux à l'égard du nouvel acquéreur. Dans la doctrine qui exigeait une re-translation de propriété l'on appliquait la maxime *emptori necesse non est stare colono* (l. 9, C., IV, 65). A plus forte raison, cette règle devait-elle être maintenue dans le système du retour *ipso jure* de la propriété.

Que dire des jugements? Sont-ils opposables au vendeur? L'affirmative n'est pas douteuse dans la doctrine classique, car le vendeur devient l'ayant cause de l'acheteur. C'est, en effet, un principe que l'acquéreur à titre particulier d'un droit réel, est soumis à l'autorité de la chose jugée. Dans la doctrine d'Ulpien, la propriété revient au vendeur par le seul événement du pacte commissoire. Celui-ci n'est donc qu'un tiers par rapport aux jugements, comme par rapport aux actes d'aliénation. Des auteurs proposent cependant de distinguer suivant que le vendeur avait ou non connaissance de l'instance engagée. Dans ce dernier cas, le jugement ne lui serait point opposable. Au contraire, on pourrait s'en prévaloir s'il avait connu l'instance. Cette opinion repose sur une fausse interprétation de la loi 63, *De re judicata*. Le texte suppose certaines personnes ayant un droit actuel sur la chose litigieuse, mais qui laissent à d'autres le soin d'engager le procès. Il ne peut pas en être de même pour le vendeur, puisqu'il n'a, *pendente conditione*, qu'un droit éventuel sur la chose vendue.

DROIT FRANÇAIS

DU DROIT DE RÉSOLUTION DU VENDEUR NON PAYÉ

ANCIEN DROIT

Les principes du droit romain sur la vente avaient passé dans l'ancienne législation française. De même qu'à Rome, la vente ne créait que des obligations à la charge des deux parties. Pour que la propriété fût transférée, il fallait tradition suivie du paiement du prix. Jusqu'à ce moment, le vendeur était resté propriétaire, et il pouvait revendiquer. Cette revendication n'avait pas pour effet de résoudre le contrat, mais de faire rentrer le vendeur en possession de sa chose.

Dans les ventes à terme, la propriété passait à l'acheteur par simple tradition, et le vendeur n'avait, pour se faire payer, que son action personnelle. On avait remédié à cet inconvénient en permettant au vendeur de détenir l'immeuble *jure pignoris*. Le vendeur pouvait encore ne livrer la chose vendue qu'à titre de bail ou de précaire.

Mais, dans aucun cas, le vendeur n'avait le droit de faire résoudre la vente pour cause de non-paiement du prix. Le contrat subsistant avec les obligations qu'il avait produites l'acheteur pouvait à tout moment exiger la tradition en offrant son prix. Nous savons en effet, que le droit romain ne connaissait pas la résolution pour inexécution des obligations. Si le vendeur n'avait pas pris soin de se la réserver par un pacte commissoire exprès, il n'avait que son action *venditi* pour poursuivre l'exécution du contrat. Dans ce cas, l'insolvabilité de l'acheteur pouvait lui faire perdre et la chose et le prix.

Quoi qu'il en soit, l'ancienne jurisprudence recueillit les traditions romaines. Les provinces de droit écrit conservèrent jusqu'à la fin à la résolution le caractère conventionnel que lui avait imprimé le droit romain. Mais les pays de coutume arrivèrent peu à peu à s'en écarter et à sous-entendre la clause commissoire dans toutes les ventes. A quel moment précis s'établit définitivement cette règle, c'est ce qui serait difficile de fixer. Ce qui est certain, c'est qu'au commencement du dix-septième siècle le principe avait prévalu dans toutes les coutumes. Pothier, après avoir rappelé que les principes romains furent autrefois la loi de la pratique française, ajoute: « Mais comme, le plus souvent, on ne peut, sans de grands frais, se faire payer de ses débiteurs, on a été obligé de se départir dans les tribunaux de la rigueur de ces principes, et l'on admet un vendeur à demander la résolution du contrat de vente pour cause de défaut du paiement du prix, quoiqu'il n'y ait pas de pacte commissoire. » (Contrat de vente, n° 475.) Et cette règle est fondée sur cette présomption que le vendeur n'a entendu rester dans les liens du contrat qu'autant que l'acheteur exécuterait ses engagements. Les juristes prirent ainsi l'habitude de consulter de plus en plus l'intention des parties, au lieu de s'enfermer dans le cercle étroit des formes employées par elles pour la manifestation de leur volonté. La distinction romaine des contrats nommés et innomés leur parut subtile et arbitraire. La vente ne saurait, disaient ils, être régie par d'autres principes que l'échange et doit être résoluble au moins comme contrat innomé. Ainsi s'établit la règle si équitable que dans les contrats synallagmatiques l'inexécution de l'obligation de l'une des parties constitue la condition résolutoire de l'autre.

Comment et à quel moment s'accomplissait la résolution pour défaut de paiement ?

En droit romain, le pacte commissoire opérait de plein droit résolution et l'acheteur ne pouvait y échapper par des offres postérieures. Cette règle rigoureuse fut adoucie sous l'influence du droit canonique. L'on exigea que le vendeur adressât à l'acheteur une sommation préalable. Et même, après cette sommation, la vente n'était résolue qu'autant que sa résolution avait été prononcée en justice. Le pacte commissoire, dit Pothier, donne seulement au vendeur une action pour demander la résolution du droit, qui n'est opérée que par la sentence qui déclare le contrat nul et résolu, faute par l'acheteur d'avoir payé (contrat de vente, n° 459). Cette intervention du juge se justifie surtout quand le contrat était muet sur le terme après lequel la vente serait résolue. Mais même dans le cas où il y avait une époque fixée, il intervint néanmoins, et la sentence du juge fut nécessaire à la résolution. La conséquence fut que l'on était admis à purger sa demeure jusqu'à la sentence.

Le juge devant intervenir, et la résolution ne pouvant être prononcée que s'il y avait faute, la jurisprudence fut amenée à reconnaître au juge le droit d'accorder des délais. Faute par l'acheteur de s'exécuter dans le délai, le juge rendait une seconde sentence qui déclarait le contrat résolu. Ce droit était reconnu au juge alors même qu'il y avait un pacte commissoire et terme fixé. Pothier cependant lui refuse dans ce cas ce droit (n° 175) L'opinion contraire avait prévalu, et ainsi le pacte commissoire exprès perdit toute son utilité pratique.

Il semble que la règle romaine, suivant laquelle le vendeur qui avait conclu à la résolution n'était plus recevable à poursuivre le paiement, ne dût recevoir d'application dans le droit des coutumes. Mais Pothier dit que la résolution, n'est opérée définitivement que par la sentence qui *déclare* le contrat nul et résolu. La conséquence qu'il en tire est que le vendeur, lorsqu'il a une fois conclu à la résolution, ne peut plus demander le paiement du prix (n° 461). Cette décision se concilie mal avec la nécessité d'une sentence. Aussi Pothier se croit-il obligé de l'expliquer par une sorte de quasi-contrat qui lie le demandeur et qui résulte du consentement tacite de l'acheteur. Mais comment concilier cette nature déclarative de la sentence avec la faculté laissée au débiteur de payer même après l'échéance du terme et la sommation ? Pothier nous en donne encore la raison en disant : C'est une pure grâce que la jurisprudence accorde à l'acheteur, et qui ne doit pas être rétorquée contre lui quand il ne veut pas s'en servir (n° 461 in fine).

Dans le cas de résolution tacite, Pothier déclare la concession du délai obligatoire pour le juge. Ce n'est pas l'opportunité, mais la durée du délai qui est laissé à sa libre appréciation. Cette règle avait le tort de ne pas disposer l'acheteur à une exécution ponctuelle de ses engagements. Le législateur moderne, plus soucieux des intérêts du vendeur, accorde avec raison au juge le droit de prononcer immédiatement la résolution dans les cas où la concession d'un délai pourrait compromettre ses droits.

Quelle était la nature de l'action accordée au vendeur ?

D'après les anciens auteurs, l'action résolutoire était une

action mixte, *personalis in rem scriptae*. Nous n'avons pas
à discuter ici sur le sens des mots *tam in rem quam in personam*, employés au § 20 (tit. 6, liv. IV) des Instituts. Nous
dirons seulement ce que les anciens entendaient par action
mixte.

Quelques auteurs enseignaient qu'une action est mixte
quand une demande personnelle est jointe à une action réelle.
Cette opinion doit être écartée, puisque, si elle était admise,
toute action réelle deviendrait mixte, une demande d'indemnité ou en restitution de fruits y étant presque toujours jointe.
Et d'ailleurs comment concevoir que des conclusions accessoires puissent modifier la nature de la demande principale ?

Dans une seconde opinion qui prévalut, l'action serait mixte
si le demandeur pouvait invoquer à la fois la qualité de propriétaire et de créancier. Le demandeur qui revendique en
vertu d'un contrat se prétend propriétaire et créancier.
Cette donnée admise, l'on considéra comme mixte les trois
actions divisoires du droit romain et un certain nombre d'actions dites *personalis in rem scriptae*. Ces dernières actions
étaient celles qui naissaient d'une obligation personnelle, à
l'exécution de laquelle la chose qui en fait l'objet est affectée
(N° 122, *Introduction générale aux coutumes*, Pothier).
Pothier citait l'action de réméré et celle résultant de « toutes les
autres clauses expresses ou sous entendues sous lesquelles
un héritage est aliéné ». Parmi ces clauses, se trouve celle
de la résolution pour défaut de paiement. Cette action, dit
Pothier, est personnelle réelle, et peut être intentée contre
les tiers détenteurs, car le vendeur n'ayant aliéné l'héritage
qu'aux charges portées par un contrat, en aliénant l'héritage, il l'a affecté à l'exécution des obligations que l'acheteur
a contractées envers lui par ce contrat (contrat de vente,
n° 404)

Il y a intérêt à distinguer l'action mixte des autres actions au point de vue de la compétence des tribunaux. L'action en résolution étant mixte, le vendeur pourra l'intenter à son choix, soit devant le tribunal du domicile de l'acheteur, soit devant celui de la situation de l'immeuble litigieux.

Nous arrivons aux effets de la résolution

L'ancien droit avait admis le principe de la rétroactivité. La résolution accomplie, l'acheteur est réputé n'avoir jamais été propriétaire, le vendeur n'avoir jamais cessé de l'être. Cette règle était évidemment plus conforme à la volonté des parties que le système romain de la *translatio ad tempus*.

L'acheteur sera donc tenu de restituer la chose vendue avec les accroissements qu'elle a reçus entre ses mains. Il doit en même temps rendre compte des fruits qu'il a perçus dans l'intervalle. Cependant s'il avait payé partie du prix, il pouvait compenser cette perte par la retenue totale ou partielle des fruits perçus. Il est difficile de dire si cette restitution de fruits avait son fondement dans le principe de la rétroactivité ou dans la mauvaise foi de l'acheteur comme en droit romain.

L'acheteur devra encore indemniser le vendeur des détériorations qui proviennent de sa faute.

Quant au vendeur, il sera tenu de rembourser à l'acheteur les dépenses nécessaires, ainsi que la plus-value résultant des dépenses simplement utiles. Il doit encore restituer les acomptes qui ne lui auraient pas été attribués à titre de dommages-intérêts. Le principe de cette restitution n'avait jamais été contesté comme en droit romain. Pour les arrhes, l'ancien refuse à l'acheteur le droit de répétition, car, dit-il, le vendeur est censé s'être réservé des dommages-intérêts résultant de l'inexécution du contrat. Il ne faudrait pas toutefois que cette somme fût excessive, car la résolution aurait alors un caractère usuraire qui la rendrait illicite.

La rétroactivité avait encore pour effet de faire revivre les droits réels qui existaient pour ou sur la chose vendue avant le contrat.

Au point de vue des tiers, l'ancien droit distinguait déjà les actes d'administration et les actes d'aliénation. Ces derniers comprenaient les actes de disposition proprement dits et les constitutions de droits réels, hypothèques, servitudes. Le vendeur n'était pas tenu de les respecter. Il en était de même des baux ; mais il y avait tendance à assimiler aux actes d'administration les baux qui ne dépassaient pas une certaine durée.

La résolution avait, au contraire, pour résultat de maintenir les droits réels que le vendeur avait consentis à des tiers depuis la vente. C'est là ce qui distingue essentiellement le système de la rétroactivité de la théorie de l'aliénation *ad tempus.*

L'ancien droit avait d'ailleurs maintenu le principe de la clandestinité des transmissions de propriété. Les tiers n'avaient donc aucun moyen de connaître le caractère résoluble du droit de l'acheteur. C'était du moins le droit commun, mais dans quelques rares coutumes du nord, la tradition ne suffisait pas pour les immeubles et l'on exigeait un investissement par écrit, c'est-à-dire une insertion sur des registres de l'acte d'aliénation. Ces coutumes portaient le nom de coutumes de *nantissement* ou coutumes de *vest* et de *dévest.* Il était réservé aux législateurs modernes d'établir cette publicité des mutations de propriété si nécessaire à la sécurité des transactions.

Une dernière question nous reste à examiner. Comment s'étend l'action en résolution ?

Le vendeur n'était pas admis à demander la résolution, quand il y avait renoncé, soit expressément, soit tacitement.

De quels actes peut on induire une renonciation tacite ? C'est avant tout une question de fait laissée à l'appréciation du juge. Cependant des poursuites à fin de paiement impliquaient renonciation. Il ne faut pas oublier que même en cas de pacte commissoire exprès, une sommation étant le préliminaire obligé de la demande en résolution, on ne pourrait pas en induire une renonciation. — L'acceptation d'un paiement partiel après le terme pouvait faire présumer la renonciation.

La demande en résolution pouvait encore se prescrire. Le délai était en principe de trente ans contre l'acheteur et de dix à vingt ans contre les tiers. On finit cependant par décider que celui qui avait laissé passer deux ans après le terme ne serait pas recevable à demander la résolution.

Il faut enfin que le non-paiement ne soit pas imputable à faute au vendeur. Sur ce point les règles romaines demeurèrent applicables. Seulement l'acheteur ne pouvait échapper à la résolution qu'à la condition d'avoir fait des offres réelles et consigné le prix. Une saisie arrêt, le retard du vendeur à exécuter ses engagements pouvaient aussi servir d'excuse légitime à l'acheteur.

Telles étaient, dans la pratique coutumière, les règles du droit de résolution du vendeur non payé. Mais les pays de droit écrit restèrent fidèles aux principes rigoureux du droit romain. Des modifications que nous venons d'étudier, ils n'en admirent aucune. Le vendeur avait-il fait insérer un pacte commissoire ? la vente était résolue de plein droit, par le seul fait du non paiement dans le terme convenu. N'avait il pas pris soin de le stipuler ; ni la sommation, ni la demande en justice ne lui permettaient de faire résoudre le contrat. (Despeisses, t. I, sect. VI, n° 3, § 7 et n° 19).

Pourtant les pays de droit écrit finirent par adopter un usage qui ne se justifie que par l'influence du droit coutumier. Le vendeur, en effet, devait se prononcer dans un très bref délai sur son intention de poursuivre la résolution ou de demander l'exécution du contrat. Faute par lui de prendre parti, le juge le déclarait déchu de son droit d'option. Et l'on motivait cette décision par la présomption que le vendeur avait renoncé à son droit de résolution. Je sais que cette jurisprudence avait pour appui la loi 4, § 2, *De lege commissoria*, mais elle n'était pas moins empreinte de cette indulgence pour l'acheteur qui avait poussé le droit coutumier à ajourner la résolution jusqu'à la sentence, et introduit l'usage de lui accorder des délais de grâce. Le parlement de Toulouse avait même admis l'acheteur à purger sa demeure après l'échéance du terme. (Catelan, *Arrêts notables*, liv. V, ch. XX ; Despeisses, première partie, tit. 1, sect. 6).

Nous trouvons donc dans l'ancien droit français le droit du vendeur bien plus fortement garanti qu'en droit romain. Outre les sûretés déjà accordées par ce dernier droit (rétention et revendication), l'ancienne jurisprudence créa la résolution tacite et le privilège. L'ensemble de ces garanties formait pour le vendeur non payé une protection des plus efficaces.

DROIT MODERNE

L'ancien droit avait profondément modifié les principes du droit romain sur les droits du vendeur non payé. Le législateur moderne a, à son tour, introduit dans cette matière de nombreuses et importantes innovations qu'il importe de signaler.

La plus importante de ces inovations est relative aux effets des contrats. En droit français, la vente est par elle-même translative de propriété, (art. 1138). Elle est parfaite entre les parties et la propriété est acquise de droit à l'acheteur dès qu'on est convenu de la chose et du prix, quoique la chose n'ait pas encore été livrée ni le prix payé (art. 1583).

Ainsi, se séparant du droit romain et de l'ancien droit, le législateur moderne donne à la convention des parties une force nouvelle, celle de transférer la propriété. Il faut avouer que la transition avait été ménagée par une pratique constante, celle des traditions feintes qui étaient devenues de style. Le vendeur non payé n'a donc plus la revendication pour reprendre la chose vendue. Il est vrai que la loi accorde une revendication au vendeur de meubles (art. 2102, § 4) ; mais cette revendication, nous le verrons, n'a pas pour but la reprise de la propriété.

Dans l'intérêt des tiers, le Code civil a créé la publicité du privilège du vendeur d'immeuble (art. 2106 et 2108), et la loi du 23 mars 1855 celle des actes translatifs de propriété immobilière en général et des jugements prononçant la résolution des contrats.

Pareillement la loi restreint pour la sécurité des tiers les droits du vendeur de meubles non payé. En fait de meubles, possession vaut titre (art. 2279). C'est à dire et en d'autres termes, quiconque possède de bonne foi un meuble corporel est à l'abri de toute éviction de la part du propriétaire.

Enfin de nombreuses modifications sont encore apportées aux droits du vendeur par les lois spéciales au commerce.

Si donc cette matière est en beaucoup de points la reproduction de l'ancien droit, elle a aussi son originalité, ses principes spéciaux.

Cet exposé rapide des principes modernes nous a paru nécessaire à cause de la grande place qu'ils occupent dans cette étude. Il nous reste maintenant à parler d'une manière toute spéciale du droit de résolution du vendeur non payé.

L'origine du droit de résolution nous est connue par l'étude du pacte commissoire à Rome. Nous savons encore comment les anciennes coutumes avaient fini par sous-entendre la clause résolutoire dans tous les contrats synallagmatiques. Le Code civil fit de cette pratique une loi générale pour toute la France.

L'article 1184 pose le principe général pour tous les contrats synallagmatiques : « La condition résolutoire est toujours sous-entendue dans les contrats synallagmatiques pour le cas où l'une des parties ne satisfera point à ses engagements. »

Et l'article 1654 ajoute : « Si l'acheteur ne paie pas le prix, le vendeur peut demander la résolution de la vente. » Les puissantes considérations d'équité qui avaient amené les anciennes coutumes à se départir des règles romaines s'imposaient avec plus de force au législateur de 1804, puisque dans le droit moderne le vendeur est dessaisi de sa propriété par le seul effet de la convention. Il a bien une action privilégiée pour se faire payer le prix, mais cette garantie, que lui reconnaissait déjà l'ancienne jurisprudence, peut devenir inefficace par suite du mauvais état des affaires de l'acheteur. L'exercice du privilége occasionne des frais considérables, et si la revente ne donne pas un prix supérieur à celui de la première vente, le vendeur ne sera qu'imparfaitement désintéressé, et l'insolvabilité de son débiteur rendra inutile son recours pour le surplus de sa créance. Par son droit de résolution, le vendeur reprendra au moins la chose et demeurera à l'abri de toute perte.

Nous aurons à étudier sur cette matière plusieurs points.

CHAPITRE PREMIER

QUAND ET À QUELLES CONDITIONS LA RÉSOLUTION PEUT-ELLE ÊTRE DEMANDÉE ?

L'élément essentiel de la résolution est l'inexécution du contrat, c'est-à-dire le non-paiement du prix. Du reste, l'inexécution même partielle peut donner naissance à l'action en résolution.

Le mot prix a ici un sens très large : il se réfère à tout ce que l'acheteur doit débourser pour entrer en possession et jouissance de la chose vendue. Ainsi, sous cette expression de prix, rentrent à la fois, et le capital représentatif de la valeur de l'objet vendu, et les intérêts de ce capital, et les prestations accessoires, soit en nature, soit en argent, qui ont été convenues entre les parties.

Le droit de résolution, nous l'avons dit, découle de l'article 1184. Il suit de là que la résolution peut être demandée dans toute vente, mobilière ou immobilière. Les termes généraux des articles 1184 et 1654 s'opposent à toute distinction à cet égard.

Quelques auteurs enseignent cependant que les ventes mobilières ne peuvent pas être résolues pour défaut de paiement. Cette opinion s'appuie sur deux objections principales qui sont les suivantes. L'article 1654, dit-on, doit s'expliquer par les articles qui le suivent, car il crée un droit qui doit être réglementé. Or, les articles 1655 et 1656 ne s'occupent que des immeubles, donc l'article 1654 n'autorise la résolution que dans les ventes d'immeubles. Cette décision, ajoute-t-on, se justifie par relation avec l'article 2102, § 4, qui accorde une revendication au vendeur de meubles. On dit : Dans le système du Code civil, qui ne suspend pas la translation de propriété jusqu'au paiement, le vendeur ne saurait revendiquer, c'est à dire se prétendre propriétaire de la chose vendue qu'en faisant résoudre la vente, faute de paiement du prix. L'article 2102 suppose donc un cas de résolution et réglemente la résolution au cas de vente de meubles.

Ce système est aujourd'hui généralement rejeté. Les articles 1655 et 1656 ne traitent, il est vrai, que des ventes d'immeubles. Mais la distinction qu'ils supposent n'est guère possible qu'à propos des immeubles. Il s'agit, en effet, d'apprécier si le vendeur est en danger de perdre à la fois la chose et le prix. Cette distinction se conçoit dans les ventes d'immeubles, où le vendeur a un droit de suite sur son immeuble dans les mains des tiers. Dans les ventes de meubles, au contraire, le danger existe toujours pour le vendeur, les tiers possesseurs étant garantis par la maxime : En fait de meubles, possession vaut titre (art. 2279.)

Quant à l'article 1656, il consacre, comme nous le verrons plus loin, une dérogation au principe de la liberté des conventions, et cette dérogation, comme toutes les autres, doit être restreinte au cas expressément prévu par la loi. On comprend d'ailleurs pourquoi le législateur n'a admis cette restriction que dans les ventes d'immeubles, car le vendeur de meubles est exposé davantage à perdre et la chose et le prix.

Reste l'argument tiré de l'article 2102, § 4. Nous pensons,

d'accord en cela avec l'opinion générale, que la revendication dont il s'agit n'a rien de commun avec la résolution. Dans cet article, la loi permet au vendeur de meubles de reprendre la possession, c'est à dire son droit de rétention. Cette doctrine s'appuie sur les précédents historiques, les principes et les textes du Code. On trouve, en effet, dans la coutume de Paris (art. 176), que le vendeur sans terme peut poursuivre sa chose, en quelque lieu qu'elle soit transportée, pour être payé du prix qu'il l'a vendue, et Dumoulin ajoute que son but est de demeurer saisi de la chose jusqu'au paiement.

Aujourd'hui le but est encore le même. Le vendeur qui a livré par erreur peut reprendre la chose pour se rétablir dans la situation avantageuse que lui faisait l'article 1612. Et ce qui le prouve, c'est que l'article 2102, § 4, dit que le vendeur reprend l'objet vendu, pour en *empêcher la revente*. Il ne s'agit donc pas de faire résoudre, d'anéantir la vente, mais de conserver au vendeur son privilège et son droit de résolution. On objecte que toute revendication suppose la propriété, mais l'on oublie que, dans le même article 2102, la loi qualifie de revendication le droit de saisie qui appartient au bailleur sur les meubles de son preneur. Évidemment, le bailleur ne se prétend pas propriétaire, et il ne demande pas la résolution qui puisse lui donner cette propriété. Rien n'est donc plus naturel que, dans le § 4, le mot revendication ait été employé pour désigner la simple reprise de la possession.

C'est à tort qu'on prétend que l'article 1654 a été modifié par l'article 2102. C'est là une explication d'une théorie qu'on suppose démontrée plutôt qu'un argument à l'appui de cette théorie. Rien n'autorise, au contraire, à supprimer un texte aussi formel et précis. Dira-t-on, avec M. Duranton, que l'article 2102 régit la résolution à l'égard des créanciers de l'acheteur ? L'explication est encore arbitraire et dénuée de fondement. Où se trouve, en effet, la distinction sur laquelle on s'appuie? Ce n'est certes pas dans l'article 1654 qui donne au vendeur la résolution dans les termes les plus généraux. Ce n'est pas non plus dans l'article 2102, qui ne parle pas des créanciers et qui, bien loin de diminuer les droits du vendeur, lui assure l'exécution du contrat d'une manière plus efficace. Le texte, en effet, après avoir reconnu le privilège du vendeur, ajoute : « Le vendeur peut même revendiquer... » Remarquons enfin que le système que je combats n'explique pas la différence établie entre les ventes à terme et les ventes au comptant. De même l'on se trouve dans l'embarras quand il s'agit de justifier le délai de huit jours auquel la loi restreint l'exercice de l'action. C'est encore avec notre théorie seule que s'expliquent les diverses conditions de l'article 2102. Si notamment la résolution n'est admise que dans les ventes sans terme, n'est-ce pas parce que le vendeur qui accorde un terme ne jouit pas du droit de rétention (art. 1612)?

Disons donc que la résolution est admise dans les ventes de meubles, comme dans les ventes d'immeubles. La jurisprudence s'est prononcée en ce sens, et il est permis de dire avec un auteur que cette controverse n'aurait jamais dû s'élever.

Les actes de licitation peuvent-ils donner lieu à l'action résolutoire? Si les biens licités sont adjugés à un étranger, la licitation n'est qu'une vente ordinaire et par conséquent résoluble faute de paiement. La licitation, au contraire, est-elle tranchée au profit d'un des copropriétaires par indivis, elle constitue au fond un partage, et l'action résolutoire est forcément exclue, puisqu'en vertu de l'effet déclaratif du partage, l'adjudicataire est censé tenir ses lots directement de l'auteur lui-même (art. 883, Cass., 9 mai 1832).

Si le prix de vente consiste dans une rente viagère, le défaut de paiement des arrérages n'autorise pas le vendeur à demander la résolution du contrat (art. 1978). La loi ne

lui donne que le droit de saisir et de faire vendre les biens du
débiteur de la rente et de faire ordonner ou consentir sur le
produit de la vente l'emploi d'une somme suffisante pour le
service des arrérages. Cette dérogation à l'ancien droit (Bour-
jon, l. I, t. IV, ch. IX, n° 1) et au principe général de
l'article 1184 se justifie par le caractère aléatoire du contrat
de rente viagère. Dans l'espèce, en effet, la résolution ne
rétablirait pas les parties dans l'état où elles étaient
avant le contrat. C'est une chance qui a fait l'objet du
contrat, et puisque cette chance a produit quelques-uns de
ses effets, il est juste qu'elle continue à courir d'après la
convention des parties. Mais ce n'est là qu'une règle interprétative à laquelle on peut déroger par une clause contraire
(Cass., 23 août 1843).

Il n'en est pas de même si la rente est perpétuelle. Dans ce
cas, le contrat n'ayant rien d'aléatoire, on rentre dans le
droit commun, et le non-paiement donne ouverture à l'action
résolutoire. Cette règle doit être maintenue alors même que
les parties, après avoir fixé pour prix une somme déterminée, l'auraient ensuite convertie dans le même acte en une
rente perpétuelle. La convention dont s'agit, en effet, ne
contient pas de novation, car la novation ne se présume
pas (art. 1273). C'est une stipulation de mode de paiement,
qui n'altère la dette primitive ni dans son caractère ni dans
son principe (Bordeaux, 23 mars 1832). Mais la solution
varie, nous le verrons plus loin, si la conversion avait lieu
par une convention postérieure au contrat de vente.

Remarquons, en outre, qu'il ne sera pas même nécessaire
d'attendre qu'il se soit écoulé deux ans sans service des
arrérages. Autre chose, en effet, est de demander la résolution
d'une vente consentie moyennant une rente perpétuelle, autre
chose d'exiger, aux termes de l'article 1912, le rachat d'une
rente perpétuelle constituée à prix d'argent.

CHAPITRE II

PAR QUI ET CONTRE QUI LA RÉSOLUTION PEUT-ELLE ÊTRE DEMANDÉE ?

§ 1. — Par qui peut-elle être demandée ?

L'action en résolution peut être intentée par le vendeur et en son nom par ses créanciers (art. 1166).

Le peuvent également les héritiers ou autres ayants cause à titre universel conformément aux principes généraux.

Mais qu'arrivera-t-il si, parmi les héritiers du vendeur, quelques-uns ne demandent pas la résolution? C'est une question que je réserve pour le moment où je m'occuperai de la nature de l'action en résolution.

L'action résolutoire appartient-elle au cessionnaire de la créance du prix? Quelques auteurs soutiennent la négative. L'article 1692, dit-on, dispose que la cession d'une créance comprend les accessoires de cette créance; mais le droit de résolution n'est pas un accessoire de la créance du prix. Le cessionnaire ne saurait l'invoquer, puisque le résultat serait la nullité de la créance qu'il a achetée. C'est, d'ailleurs, un droit trop considérable pour que l'on puisse suppléer au silence des parties à son égard.

L'opinion contraire nous paraît préférable. La manière dont le législateur a envisagé le droit de résolution prouve qu'il doit être considéré comme l'accessoire de la créance du prix. La loi ne l'a-t-elle pas attaché à la créance comme un moyen très sûr pour forcer à l'exécution? Pour que la résolution puisse être demandée, il faut que le prix soit encore dû. C'est un droit si peu principal qu'on ne concevrait pas même qu'il puisse faire par lui-même l'objet d'une cession. N'est-il pas d'ailleurs évident que les parties ont voulu que la créance passât au cessionnaire avec toutes les garanties dont le cédant pouvait disposer? Voilà pourquoi l'article 1692 et plus explicitement encore l'article 2112 déclarent que le cessionnaire exerce les mêmes droits que le cédant, qu'il est mis dans son lieu et place, sous la seule réserve des droits inhérents à la personne du cédant. La résolution, dit-on, a de graves conséquences pour l'acheteur. L'observation est juste, mais qu'en conclure? Il serait bizarre que le débiteur bénéficiât de la convention intervenue entre son créancier et un tiers. Il paraît plus naturel, au contraire, que sa situation reste vis-à-vis du cessionnaire ce qu'elle était vis-à-vis du cédant.

Supposons maintenant qu'un tiers a payé le vendeur et s'est fait subroger conventionnellement à ses droits; peut-il demander la résolution contre l'acheteur? La négative a encore été soutenue, et voici comment on la justifie. Le tiers qui paie le vendeur est un prêteur; la subrogation a bien pu conserver fictivement à son profit tous les droits, privilèges et hypothèques, attachés à la créance du prix, mais elle n'a pu faire de lui un vendeur, et s'il n'est que créancier, il ne peut exercer un droit qu'avait le subrogeant en sa qualité de vendeur. Le Code dit bien que le subrogé exerce les droits du subrogeant, mais il ne dit pas tous les droits, parce qu'il pouvait s'en trouver qui, exclusivement personnels au subrogent ne se transmettent pas au subrogé. Ainsi, par exemple, l'action en rescision pour lésion qui compète au vendeur ne passe pas au tiers subrogé. Il en doit être de même de l'action en résolution pour défaut de paiement, qui, comme la précédente, détruit la vente.

La question est celle-ci : la subrogation est-elle extinctive de la dette à l'égard du créancier et du débiteur ou à l'égard du créancier seulement? Si l'on considère avec quelques auteurs, la nouvelle créance, fondée sur la gestion d'affaire ou le prêt, comme n'ayant pas changé de nature, le droit de résolution n'existera plus, la dette primitive étant éteinte. Si l'on admet, au contraire, que la subrogation constitue une cession de créance, le subrogé sera investi du droit de résolution, comme nous l'avons démontré plus haut. Nous ne pouvons entrer ici dans l'examen des discussions qui se sont engagées sur la nature juridique de la subrogation. Nous nous bornerons à dire, avec l'opinion commune, que la subrogation n'est au fond qu'une cession de créance. Il faut en conclure que la subrogation conventionnelle entraîne au profit du subrogé le droit d'agir en résolution de la vente (Paris, 30 juillet 1853). C'est à tort qu'on s'efforce d'établir une assimilation entre l'action en rescision pour lésion et l'action résolutoire pour défaut de paiement. La première ne saurait être exercée par le subrogé, puisqu'elle appartient au vendeur en tant que lésé. La seconde, au contraire, ne peut être détachée de la créance qu'elle a pour objet d'assurer, et le vendeur s'en réserverait vainement l'exercice après qu'il a cessé d'être créancier.

Mais il faut se garder d'étendre le bénéfice de l'action résolutoire au cas de subrogation légale. Ainsi, un créancier de l'acheteur ne pourra, sur la demande en résolution formée par un vendeur non payé, prétendre, en le payant, se substituer à lui dans l'exercice de l'action qu'il a intentée par application de l'article 1251-1 du Code civil. D'après cet article, la subrogation a lieu de plein droit au profit de celui qui, étant lui-même créancier, paie un autre créancier qui lui est préférable à raison de ses privilèges ou hypothèques ; mais le texte exige, pour que la subrogation s'opère de plein droit, que le créancier qu'on paie agisse en vertu d'un droit de préférence opposable au tiers qui le désintéresse. Or, on ne peut raisonnablement considérer le droit de résolution comme un véritable droit de préférence. Les privilèges et les hypothèques s'exercent sur le prix de la chose grevée de ces droits ; le droit de résolution, au contraire, a pour but la reprise même de la chose. La solution opposée serait donc contraire au texte de l'article 1251-1, et, dans une matière aussi exceptionnelle, il n'est pas permis d'étendre la disposition de la loi au cas non expressément prévu par elle. Notre décision est encore conforme à l'esprit de l'article 1251. La loi a voulu protéger les créanciers contre les poursuites coûteuses ou inopportunes qui seraient exercées par l'un d'eux placé à un rang favorable. Or, le créancier dont s'agit ne se préoccupe pas seulement de sauvegarder ses droits : c'est un spéculateur qui paie, non pour procurer au débiteur sa libération, mais en vue de s'attribuer exclusivement le bénéfice d'une résolution qu'il juge avantageuse. L'article 1251 n'a pas été édicté pour favoriser de pareils calculs (Cass., 3 juillet 1854).

Par application des mêmes idées, la cour suprême a décidé qu'un acquéreur qui a payé la portion du prix encore due à raison d'une vente antérieure ne peut invoquer l'art. 1251-2 et exercer l'action résolutoire qui compétait au précédent vendeur désintéressé (Cass., 13 mai 1873).

§ 2. — *Contre qui la résolution peut-elle être demandée*

La résolution peut être demandée contre l'acheteur ou ses ayants cause à titre universel.

Dans le cas d'une revente, le vendeur peut-il poursuivre directement le tiers acquéreur ? Il faut répondre affirmativement lorsque le tiers s'est engagé dans son contrat d'acquisition à payer le prix de la première vente. Par cette délégation, en effet, l'acquéreur devient l'obligé personnel du vendeur et par conséquent capable de défendre à l'action résolutoire. Si, au contraire, le contrat est muet sur ce point, le vendeur n'aura pas qualité pour agir contre le tiers. Puisque le sous-acquéreur n'a pas traité avec le vendeur, la seule action que celui-ci puisse exercer contre lui est la revendication. Or, ainsi que nous le verrons dans un instant, le vendeur ne redevient propriétaire qu'en vertu du jugement qui prononce la résolution du contrat. C'est dire qu'il doit d'abord demander la résolution contre l'acheteur, et ce n'est qu'une fois la résolution prononcée, qu'il poursuivra valablement sa chose entre les mains du tiers.

Cette voie n'est cependant pas exempte de danger. En effet, si, après avoir fait prononcer la résolution, le vendeur poursuit le tiers acquéreur en délaissement de l'immeuble, celui-ci pourra empêcher l'exécution du jugement de résolution par voie de tierce opposition. Puisqu'aux termes de l'article 1351, l'autorité de la chose jugée n'a lieu qu'entre les parties engagées dans l'instance, le tiers sera fondé à dire que, n'ayant pas été représenté dans le procès, la condamnation prononcée contre son auteur ne peut préjudicier à ses droits. Pour éviter ce recours, le vendeur fera donc mieux de mettre en cause l'acheteur et le tiers, soit en les assignant tous deux par le même acte, le premier en résolution du contrat, le second en délaissement comme conséquence de la résolution, ce qui est très possible en raison de la connexité des deux demandes, soit en appelant le tiers dans l'instance déjà engagée contre l'acheteur.

Nous verrons que, lorsque les parties ont convenu que la

vente sera résolue de plein droit faute de paiement dans le terme convenu, la résolution n'a pas besoin d'être demandée (art. 1656). Dans ce cas donc, le vendeur pourra agir directement en revendication contre les tiers.

CHAPITRE II

COMMENT S'ACCOMPLIT LA RÉSOLUTION

La résolution de la vente pour défaut de paiement ne s'opère pas avec la même énergie que la résolution ordinaire de l'article 1183. Le juge doit intervenir pour constater l'inexécution et déclarer la convention résolue. Le Code a ainsi maintenu les tempéraments d'équité introduits par les anciennes coutumes.

La loi admet la validité du pacte commissoire exprès et complète la convention muette à cet égard. Examinons successivement la résolution dans les deux cas.

§ 1. — Résolution légale

La première obligation que la loi impose au vendeur, est de mettre l'acheteur en demeure. L'article 1184 exige, en outre, une demande en justice. Tant que la résolution n'est pas prononcée, l'acheteur est admis à payer le prix. Le juge peut même accorder un délai s'il estime que l'acheteur mérite quelque indulgence (art. 1655). « La résolution de la vente d'immeubles est prononcée de suite si le vendeur est en danger de perdre la chose et le prix. » En laissant aux tribunaux cette latitude d'appréciation, le Code s'est gardé des abus de l'ancienne jurisprudence qui faisait de la concession de délai une loi obligatoire pour le juge.

Mais quand le délai accordé est écoulé, l'acheteur ne peut plus demander un nouveau délai : « Ce délai passé sans que l'acheteur ait payé, la résolution sera prononcée » (art. 1655). Il faut même décider que le délai une fois expiré, l'acheteur n'est plus admis à payer, même avant la sentence. Ce point a été contesté, mais l'article 1655 ci-dessus semble formel dans notre sens. Le texte emploie une forme impérative, qui se justifie d'ailleurs, le motif qui a fait accorder le premier délai n'existant plus.

L'article 1655 ne parle que d'immeubles. Faut-il en conclure que le juge ne peut pas accorder de délai à l'acheteur de meubles? La négative nous paraît certaine. En reconnaissant au juge le droit de concéder des délais, l'article 1655 ne fait que consacrer le principe de l'article 1184, lequel n'établit pas de distinction. Si le texte ne parle que d'immeubles, c'est que le juge accordera rarement des délais à l'acheteur de meubles, le vendeur étant le plus souvent en danger de perdre à la fois la chose et le prix (art. 2279) ; mais ce n'est pas une raison pour méconnaître le principe.

§ 2. — Pacte commissoire

Le pacte commissoire peut être conçu de différentes manières. On peut supposer d'abord qu'il porte simplement que la vente sera résolue si l'acheteur ne paie pas le prix dans un délai déterminé. Cette stipulation n'ajoute rien à l'article 1184 et ne dispense pas le vendeur de demander la résolution en justice. Il serait étrange, en effet, qu'une clause que la loi sous-entend en raison de la nature d'un contrat produise des effets différents suivant que les parties l'ont ou non inséré dans leurs conventions. Des auteurs cependant argumentent *a contrario* des mots *dans ce cas* contenus dans le second alinéa de l'article 1184 pour soutenir que le texte est inapplicable au pacte commissoire exprès. Nous repoussons cette opinion parce que la disposition dont il s'agit n'a pas le sens et la portée qu'on lui attribue. Les mots *dans ce cas* n'ont nullement pour but de restreindre le second alinéa à la résolution tacite, mais de faire ressortir la différence qui sépare cette résolution de la condition résolutoire de l'article 1183, laquelle opère de plein droit. Cela résulte et du rapprochement des deux premiers alinéas de l'article 1184, qui reproduisent également les termes ci-dessus, et d'un passage de l'exposé des motifs présenté par Bigot-Préameneu : « Lors même, dit-il, que la condition résolutoire serait formellement stipulée, il faudrait toujours constater l'inexécution, en vérifier les causes. » (Fenet, XIII, p. 244).

J'ai à peine besoin de mentionner l'opinion qui, en admettant dans l'espèce l'intervention du juge, lui refuse le droit de concéder des délais. Ce système mixte est arbitraire et dénué de tout fondement. L'opinion de Pothier qu'on invoque n'avait pas prévalu même dans l'ancien droit. Le législateur moderne l'a repoussée, l'exposé des motifs ci-dessus rappelé en fait foi, puisque Bigot-Préameneu ajoute que le juge devra apprécier les causes du défaut de paiement et qu'il pourra se trouver forcé par l'équité d'accorder un délai.

Mais la convention se complique quelquefois par la mention que la vente sera résolue de *plein droit*. Dans ce cas, il semble, au premier abord, que le seul défaut de paiement dans le terme convenu, entraîne la résolution du contrat. Cette interprétation rigoureuse n'a cependant pas été admise. La loi exige qu'une sommation soit adressée à l'acheteur (art. 1656). Tout ce qu'elle induit de la clause, c'est que les juges ne pourraient pas accorder des délais et une toute exécution serait impossible après la sommation.

Ce n'est pourtant pas ainsi que l'on considère généralement la sommation prescrite par l'article 1656. D'après le texte, dit-on, la sommation est une mise en demeure; c'est à dire que l'acheteur est mis en demeure de payer; donc le contrat n'est pas résolu par la sommation, donc le vendeur doit laisser à l'acheteur un délai, très bref sans doute, mais nécessaire pour obtempérer à la sommation.

Cette explication nous paraît contraire à la fois au texte de l'article 1656 et à la volonté des parties contractantes. Que dit, en effet, l'article 1656? Il dit: « L'acheteur peut néanmoins payer *après l'expiration du délai, tant qu'il n'a pas été mis en demeure par une sommation.* » Il résulte de là qu'après la sommation l'acheteur ne peut plus payer. Si la sommation met ainsi fin au droit de payer, elle ne peut pas être une mise en demeure; elle a, au contraire, pour but de constater le moment où le contrat est résolu et où l'acheteur n'est plus admis à exécuter ses engagements. Cette manière de voir est d'ailleurs conforme à l'intention des parties. Celles-ci ont déclaré que la vente sera résolue de plein droit faute de paiement dans le délai convenu. Et pourtant la loi dit que l'acheteur peut encore payer tant que la sommation n'est pas faite. C'est déjà une atteinte portée à la volonté exprimée par les parties. Dans tous les cas, la sommation ne peut pas avoir pour objet de demander l'exécution du contrat. Une pareille interprétation serait manifestement contraire à la convention des parties. On ne demande pas l'exécution d'un contrat que les parties ont résolu d'avance et que la loi déclare définitivement résolu par la sommation.

On dit encore très généralement que l'article 1656 ne fait qu'appliquer l'article 1139, aux termes duquel le débiteur est constitué en demeure par une sommation et non par la seule échéance du terme. Nous n'avons pas à discuter cette question, puisque, suivant nous, l'article 1656 n'est ni une application de l'article 1139, ni une dérogation à ce texte. Ainsi que nous venons de le dire, il ne s'agit pas ici d'une mise en demeure, partant l'article 1139 est entièrement étranger à notre sujet.

Comme l'article 1655, l'article 1656 ne s'occupe expressément que des ventes d'immeubles. Or, comme, suivant nous, le texte consacre une dérogation au droit commun, nous n'hésitons pas à admettre que, dans les ventes mobilières, la résolution s'opère par la seule échéance du terme et sans sommation, conformément à la convention des parties. Mais quel a pu être, dans la pensée du législateur, le motif de cette exception pour les ventes d'immeubles ? Les quelques auteurs qui admettent comme nous le caractère exceptionnel de l'article 1656 essaient de l'expliquer par les conséquences graves qu'entraîne la résolution des ventes d'immeubles. Cette explication est peu satisfaisante, puisqu'il se présente fort souvent telle vente de meubles dont l'importance est hors de toute proportion avec une vente de quelques ares de terrain. Il nous paraît plus naturel que le législateur ait voulu, dans les ventes de meubles, respecter davantage la volonté des parties, parce qu'ici le danger est plus grand pour le vendeur de perdre à la fois la chose et le prix.

Dans le cas de l'article 1656, le jugement est-il nécessaire pour prononcer la résolution ? Des auteurs enseignent l'affirmative et voici les deux arguments principaux qu'ils invoquent à l'appui : L'article 1656 doit s'interpréter par relation avec l'article 1655. Dans l'un, la sentence est nécessaire et le juge peut accorder des délais ; dans l'autre, le législateur, prévoyant une convention spéciale, décide qu'à la différence du cas précédent, le paiement ne pourra être fait que jusqu'à la sommation, et que le juge ne pourra accorder de délai. C'est

donc qu'il entend maintenir les autres dispositions et entre
autres la nécessité d'une sentence. Du reste, on ne comprendrait
pas la fin de l'article 1656, si l'intervention du juge n'était
pas nécessaire. Le législateur, en effet, n'aurait pas eu besoin
de dire que des délais ne pouvaient être accordés ; il était
évident que la résolution opérée, toute concession de délais
eût été impossible.

Cette doctrine ne nous paraît pas fondée. Indirectement
nous l'avons repoussée dans la discussion précédente sur la
nature de la sommation exigée par l'article 1656. La nécessité
d'une sentence se concilie difficilement avec les termes employés par les parties. En convenant que la vente sera
résolue de plein droit, les parties ont évidemment voulu que
la résolution s'opère par la seule force de la convention. Le
sens naturel des mots *de plein droit* n'est-il pas d'écarter
l'intervention préalable du juge ? L'article 1654, dit-on, ne
déroge à l'article précédent que relativement à la concession
de délais. Mais, en cela on ne fait qu'affirmer ce qui précisément doit être démontré. La prétendue connexité de l'article 1656 avec l'article 1655 est très contestable, les deux
textes régissant deux hypothèses toutes distinctes l'une de
l'autre. Pour nous, si l'article 1656 ne dit pas en termes exprès
que la sentence n'est pas nécessaire, c'est parce que la convention des parties est formelle à cet égard. Et cette convention n'ayant rien d'immoral ne peut pas être proscrite par la
loi. Quant à l'article 1656 *in fine*, il se concilie très bien avec
notre manière de voir. Puisque nul ne peut se faire justice à
soi-même, le vendeur doit forcément s'adressera à la justice, si
l'acheteur s'obstine à ne pas exécuter ses engagements. Mais
alors la loi décide que le juge ne peut pas accorder de délais.
Le juge n'intervient que pour constater la résolution accomplie, et cette intervention n'empêche pas l'exécution de la
convention qui, par sa seule force, ainsi que le disait Grenier

ou Corps législatif, devait opérer résolution (Renet, t. XIV, p. 200).

On s'est demandé si les parties ne pourraient pas convenir que la vente sera résolue de plein droit et *sans sommation*. Nous n'hésitons pas à penser qu'une semblable convention serait parfaitement valable. Notre opinion s'appuie sur cette considération que la convention dont s'agit n'a rien de contraire à l'ordre public et aux bonnes mœurs. Dès lors, il convient d'appliquer l'article 1134, aux termes duquel les conventions légalement formées tiennent lieu de loi à ceux qui les ont faites. On objecte que cette clause deviendrait de style. L'objection constitue tout au plus une critique législative, elle n'est point un argument en présence des textes et des principes, tels que nous venons de les préciser.

Pour terminer avec les modes de résolution, il nous reste à demander si, dans le cas où le pacte commissoire ne produit pas son effet de plein droit, la résolution peut valablement s'opérer à l'amiable. La jurisprudence admet l'affirmative, et sa décision nous paraît très raisonnable. La disposition de l'article 1184 est, en effet, interprétative et non d'ordre public. Or, il est tout naturel que l'acheteur puisse renoncer à cette disposition de faveur quand il juge inutile de s'en prévaloir. A quoi bon le forcer à se défendre contre son gré et à subir les frais d'une procédure qui ne peut aboutir qu'à sa condamnation? Dira-t-on que l'acheteur porterait atteinte aux droits de ses créanciers? Mais l'objection ne porte pas, car de deux choses l'une : Ou la convention déguise une résolution frauduleuse, ou elle est sincère. Dans le premier cas, les créanciers pourront déjouer la fraude au moyen de l'action paulienne (art. 1167); dans le second, on ne voit pas pourquoi la convention ne serait pas opposable aux tiers.

CHAPITRE IV

CARACTÈRES DE L'ACTION RÉSOLUTOIRE

D'après l'article 59 du Code de procédure civile, les actions personnelles sont portées devant le tribunal du domicile du défendeur, les actions réelles devant le tribunal de la situation de l'immeuble litigieux et les actions mixtes devant le juge de la situation ou devant celui du domicile du défendeur. A laquelle de ces trois classes appartient l'action résolutoire? Nous avons déjà indiqué l'opinion qui avait prévalu dans l'ancien droit sur ce point. Sous le Code de procédure se présente la même controverse sur la détermination des actions mixtes, et l'opinion dominante est encore celle qui avait été consacrée par l'ancienne jurisprudence. Le caractère de l'action mixte consiste donc en ce que dans cette action le demandeur invoque un droit personnel pour exercer un véritable droit de propriété. L'action résolutoire présente précisément ce double caractère de personnalité et de réalité. Le vendeur se prévaut d'une clause du contrat pour revendiquer la chose vendue. Dans les travaux préparatoires, rien n'a été dit sur ce point. La déclaration de Treilhard, que rien n'était changé aux règles antérieures sur les ajournements (Locré, procédure, II, n° 15), autorise même à croire que le

Code de procédure a suivi l'opinion générale des anciens coutumiers.

Pourtant la personnalité de l'action résolutoire a été soutenue dans le cas où le débat s'élève entre le vendeur et l'acheteur. En effet, dit-on, l'on ne saurait confondre la nature de l'action avec son but, surtout avec son but non immédiat. La résolution prononcée aura bien pour résultat de faire considérer le vendeur comme n'ayant jamais cessé d'être propriétaire, mais ce n'est là que le résultat de la résolution et non le résultat de l'action qui a pour but la résolution. La sentence étant nécessaire à la résolution, tant qu'elle n'est pas intervenue, le vendeur ne peut invoquer son droit de propriété, qui ne lui revient que par l'effet rétroactif de la résolution accomplie. Cette doctrine, qui se recommande par la logique de ses déductions, doit cependant être repoussée. La meilleure raison est que la loi, ainsi que nous l'avons dit, n'a fait que suivre l'ancienne jurisprudence. Il ne faut pas oublier que la résolution opère de plein droit le retour de la propriété. Le droit personnel et le droit réel sont ici étroitement liés, et cette connexité des deux droits produit un droit mixte entraînant une double compétence. Peut-être aurait-il été plus conforme à une logique rigoureuse de dire que le vendeur a deux actions : l'une personnelle pour faire résoudre le contrat, l'autre réelle pour reprendre, le contrat résolu, la chose vendue. Mais le législateur ne l'a pas admis, et il a peut-être bien fait de ne pas l'admettre, puisque le vendeur qui veut réunir les deux instances ne serait pas tenu de s'adresser à un juge quelquefois fort éloigné de l'immeuble litigieux.

Toutefois l'action n'est mixte qu'autant que l'acheteur est encore en possession de l'immeuble vendu. Mais il a pu le revendre et le livrer à son tour à un tiers. Dans ce cas, le vendeur a deux actions bien distinctes : l'une personnelle, l'action en résolution, qu'il exerce contre l'acheteur ; l'autre réelle, l'action en revendication, qu'il exerce entre le tiers acquéreur. L'action est purement personnelle contre l'acheteur, puisque le vendeur ne peut pas conclure simultanément à la résolution du contrat et à la restitution de la chose dont l'acheteur est dessaisi. Elle est, au contraire, réelle contre le tiers détenteur, qui, en effet, n'a point contracté avec le vendeur et qui, simple ayant cause à titre particulier, n'a pas succédé à l'obligation personnelle de son auteur. Ce point a été contesté, mais il nous paraît incontestable en présence des principes généraux.

Rien n'empêche, au reste, le vendeur de poursuivre conjointement l'acheteur et le détenteur. L'action est alors mixte et la double compétence incontestable, en raison de la connexité des droits de résolution et de revendication qui compétent au vendeur.

Bien entendu, l'action sera personnelle toutes les fois que le tiers-acquéreur est personnellement obligé envers le vendeur en vertu d'une délégation acceptée.

Il n'est pas moins évident que l'action est réelle dans le cas où la résolution s'opère de plein droit. Nous avons admis que dans l'espèce la résolution n'a pas besoin d'être prononcée et le vendeur ne pourra agir contre l'acheteur ou le tiers que par la revendication, la résolution étant accomplie.

L'action en résolution d'une vente immobilière est-elle mobilière ou immobilière ? De sa nature, elle est immobilière, puisque le caractère d'une action s'apprécie d'après la nature de son objet. Mais il ne faut pas oublier que cette action est un accessoire de la créance du prix. Étant l'accessoire de la créance du prix (chose mobilière), elle suivra le sort de cette créance, de sorte qu'il importe peu de constater sa nature immobilière. Nous avons admis que le cessionnaire de la créance et le subrogé peuvent agir contre l'acheteur en résolution du contrat. Pour aliéner la créance du prix et accessoirement le droit de résolution, il n'est pas nécessaire de pouvoir aliéner les immeubles. Ainsi un legs de tout meuble comprenant la créance du prix comprendra accessoirement le droit de demander la résolution. Il serait bizarre qu'on puisse mettre la créance dans un patrimoine et sa garantie dans une autre. De même, il faut décider que les biens meubles des époux, tombant en communauté, celle-ci devient créancière du prix, et par suite si l'époux agit en résolution l'immeuble recouvré ne sera pas propre, mais un conquêt de communauté. Si l'acheteur avait payé avant la communauté, la somme serait commune entre époux. On ne comprendrait pas que le seul fait de son retard puisse modifier les droits des époux et de la communauté. La vérité est que le vendeur n'a qu'une seule créance garantie par deux moyens de coërcition, le privilège et l'action en résolution.

On s'est demandé si l'action résolutoire est divisible ou indivisible, soit activement, soit passivement. La question ne peut pas se poser dans les rapports du vendeur et de l'acheteur. Il est évident qu'à ce point de vue l'action doit être considérée comme indivisible conformément aux principes généraux (art. 1220). La divisibilité n'a d'application qu'à l'égard des héritiers des contractants.

Supposons d'abord, en nous plaçant au point de vue actif, que le vendeur soit mort en laissant plusieurs héritiers. La question est de savoir si l'un des héritiers peut demander, d'une manière divisible et pour sa part et portion seulement, la résolution du contrat. L'affirmative aurait cette conséquence que si l'action triomphe, l'héritier se trouvera dans l'indivision avec l'acheteur.

La solution serait la même, si l'on supposait l'acheteur mort en laissant plusieurs héritiers.

Pour nous, la divisibilité de l'action en résolution n'est pas douteuse. En effet, l'article 1217 déclare divisible le droit qui a pour objet une chose susceptible de division, soit matérielle, soit intellectuelle. Or, en quoi consiste le droit du vendeur? Avant tout, à demander le paiement du prix. Ce droit a pour objet une chose essentiellement divisible, il passe aux héritiers du vendeur, chacun pour sa part héréditaire. Dans le cas où l'acheteur ne paie pas, la loi donne au vendeur le droit de faire résoudre la vente. Ce droit doit être divisible comme la créance qu'il garantit et dont il n'est que l'accessoire.

Cette solution n'est ni contestable ni contestée. Mais on prétend que l'acheteur peut exiger que tous les héritiers du vendeur soient mis en cause pour se concerter sur la reprise de l'héritage entier. L'on argumente par analogie des articles 1670 et 1685, qui traitent de l'annulation de la vente, soit par suite de l'exercice du réméré, soit par suite de la lésion. Nous ne saurions admettre cette opinion, puisque l'analogie qu'elle invoque n'est qu'apparente. En effet, dans le pacte de rachat, la résolution s'opère par exécution du contrat. L'acheteur a entendu acquérir la propriété de la chose vendue et la conserver définitivement et pour le tout, si le vendeur renonce à se prévaloir de la clause de rachat. On comprend donc que la loi ne l'oblige pas à subir contre son gré les inconvénients d'un retrait partiel et d'une communauté non prévue au moment du contrat. Dans le pacte commissoire, au contraire, la résolution a lieu par inexécution du contrat. Rien n'autorise l'acheteur à se soustraire aux conséquences de la résolution, puisqu'il avait le moyen de l'éviter en exécutant ses engagements. Jamais l'inexécution de l'obligation ne donne au débiteur un droit contre son créancier.

Mais, dira-t-on, l'héritier qui exerce l'action pour sa part et portion pourra se trouver dans l'indivision avec l'acquéreur; un pareil résultat n'est-il pas contraire à la fois à l'intérêt général et à l'esprit du Code civil? Nous répondons que notre théorie n'est pas exempte d'inconvénients, mais qu'elle découle, comme nous l'avons démontré, des principes généraux, et que, par conséquent, elle s'impose au juge, en l'absence d'un texte formel proscrivant la création de tout état d'indivision. L'opinion contraire apporte une restriction au droit des cohéritiers, et la faveur qu'elle donne à l'acheteur cause du tort aux vendeurs exempts de toute faute. Cette restriction nous paraît d'autant plus grave qu'il suffirait qu'un seul des cohéritiers fût de mauvaise foi pour que le droit de demander la résolution fût paralysé chez les autres !

Nous ne dirons qu'un mot de l'argument tiré de l'article 1685. Comme au cas de réméré, l'acheteur a voulu tirer du contrat le plus grand profit possible et dans tous les cas acquérir la propriété de la chose vendue pour le tout. Rien de plus juste donc qu'il puisse exiger que la vente soit maintenue ou annulée à l'égard de tous les héritiers du vendeur lésé

CHAPITRE V

DES EFFETS DE LA RÉSOLUTION

Par suite de la résolution accomplie, l'acheteur est réputé n'avoir jamais été propriétaire, le vendeur n'avoir jamais cessé de l'être. Les choses doivent être remises au même état qu'avant le contrat (art. 1183). Cette règle est applicable à la condition résolutoire tacite de l'article 1184 comme à la condition résolutoire ordinaire. Il n'y a pas à distinguer non plus si la résolution pour défaut de paiement est légale ou conventionnelle. Nous examinerons les conséquences de la résolution : 1° entre les parties ; 2° à l'égard des tiers.

§ 1. — *Effets de la résolution entre les parties*

La principale obligation que la résolution impose à l'acheteur est de restituer la chose vendue avec tous les accessoires. Une controverse s'est cependant élevée relativement aux fruits. Nous n'hésitons pas à admettre que l'acheteur doit encore les restituer. On justifie communément cette décision en disant que la vente étant résolue par la faute de l'acheteur, celui-ci doit être traité comme un possesseur de mauvaise foi. Cette manière de voir nous paraît inadmissible. L'article

549 prévoit une hypothèse bien différente de la nôtre. Il ne s'agit pas ici de régler les rapports d'un possesseur avec le propriétaire qui revendique. L'acheteur est devenu propriétaire en vertu du contrat, et il avait qualité pour faire les fruits siens. Si néanmoins il est tenu de les restituer, c'est parce que la résolution accomplie remet les choses au même état qu'avant le contrat. On objecte que la rétroactivité ne porte que sur le droit et que la perception des fruits est un fait, ineffaçable comme tous les faits accomplis. La réponse est simple. En admettant même que la distinction dont on parle est dans la loi, on peut toujours dire que la perception elle-même n'est, sans doute, qu'un fait, mais que la question de savoir si l'acheteur peut conserver les fruits perçus est une question de droit qui doit se résoudre négativement d'après le principe de la rétroactivité.

L'opinion adverse prétend encore que, dans l'article 1183, la loi ne s'occupe que des obligations principales et non des profits accessoires que l'acheteur peut avoir tirés de la chose. Il serait fort dur, ajoute-t-on, d'imposer à l'acheteur cette restitution, qui serait ruineuse pour lui si la perception a duré plusieurs années. Ces raisons nous semblent peu convaincantes. La distinction que l'on établit sur l'article 1183 est des plus arbitraires. Le texte consacre, au contraire, la rétroactivité dans les termes les plus généraux. Quant à la position de l'acheteur, elle nous touche fort peu, puisque c'est par sa faute que le vendeur se trouve privé de la jouissance de la chose vendue.

L'acheteur est encore responsable des détériorations survenues par sa faute. Il doit également supporter les frais du contrat et de la résolution, puisque c'est par sa faute que le contrat est résolu. Le vendeur qui en avait fait l'avance aurait le droit de se les faire restituer. Enfin l'acheteur peut même être tenu à des dommages-intérêts envers le vendeur en raison du préjudice que lui cause l'inexécution du contrat (art. 1184). Cette responsabilité sera plus ou moins étendue suivant qu'il a été coupable de dol ou de simple négligence (art. 1150 et suiv.).

De son côté, le vendeur devra restituer les acomptes qu'il a touchés, avec les intérêts des mêmes sommes à dater du paiement. Seulement ici se présente une objection. D'après l'article 1153, les intérêts ne sont dus qu'en vertu d'une demande judiciaire, à moins que la loi ne les fasse courir de plein droit ; or, la loi dit bien que l'acheteur doit payer les intérêts si la chose vendue produit des fruits (art. 1652), mais elle ne dit pas que le vendeur doit les restituer en cas de résolution. La réponse à l'objection se trouve dans l'article 1183. Dans cet article, la loi exige que les choses soient remises au même état que si le contrat n'avait jamais existé ; or, si le contrat n'avait pas existé, le vendeur n'aurait pas touché les acomptes et l'acheteur aurait joui des sommes qu'il a payées à ce titre ; donc la résolution doit avoir pour effet que le vendeur rende compte de la jouissance à laquelle il n'avait aucun droit. L'équité s'oppose d'ailleurs à ce que le vendeur s'enrichisse aux dépens de l'acheteur. Les fruits étant restitués au vendeur, il ne serait pas juste qu'il cumulât la jouissance du prix avec la jouissance de la chose.

La loi n'établit même aucune compensation entre les fruits et les intérêts. Il faut donc s'en tenir rigoureusement au principe de l'article 1183. La loi veut que le contrat soit considéré comme n'ayant jamais existé, et si l'acheteur pouvait conserver les fruits, il en résulterait que le contrat a produit des effets, puisqu'il n'a droit aux fruits qu'en vertu du même contrat.

Si la chose vendue n'est pas frugifère, le vendeur conserve les intérêts, qui représentent alors la valeur de la jouissance dont il est indûment privé. Cette compensation est contraire à l'article 1184, mais la pratique l'admet afin de simplifier les prestations réciproques.

Le vendeur est encore obligé d'indemniser l'acheteur de toutes les dépenses nécessaires qu'il a faites sur la chose. Il en est de même des dépenses utiles jusqu'à concurrence de la plus value. Quant aux impenses voluptuaires, le vendeur n'en est pas tenu. Le seul droit qu'a l'acheteur est d'enlever les matériaux à la condition de ne pas dégrader l'immeuble.

Il faut admettre, par analogie de l'article 1673, que l'acheteur peut retenir la chose vendue jusqu'à ce qu'il soit indemne des prestations dont le vendeur est comptable envers lui.

§ 2. — Effets de la résolution à l'égard des tiers.

Si la résolution a pour effet de faire considérer le vendeur comme n'ayant jamais cessé d'être propriétaire, il faut tenir compte de ce fait que c'est par sa volonté que la propriété a paru un instant reposer sur la tête de l'acheteur. Aussi, parmi les actes passés par l'acheteur, faut-il distinguer les actes d'administration et les actes d'aliénation.

Les actes d'administration doivent être maintenus. Si le contraire était admis, aucune sécurité ne pourrait exister dans les transactions ordinaires de la vie. Le vendeur doit donc respecter les baux consentis avant la résolution. Pour cela, il n'est même pas nécessaire que le bail n'excède la durée de neuf ans. Il est vrai qu'en principe un administrateur ne peut consentir des baux pour un temps plus long. Mais l'acheteur qui ne paie pas n'en est pas moins un propriétaire sous condition. La loi étant muette, la question sera laissée à l'appréciation souveraine des tribunaux. Le juge validera ou annulera les baux suivant qu'ils ont ou non été frauduleux (art. 1673).

Puisque les baux constituent un acte d'administration, l'acheteur a encore qualité pour percevoir les fermages ou loyers. Le vendeur ne saurait donc avoir droit de répétition contre les fermiers ou locataires qui se seraient acquittés entre les mains de l'acheteur. Puisque le preneur ne peut se refuser à payer au propriétaire apparent, le paiement ainsi fait est valable conformément à l'article 1240.

Si la loi maintient les actes d'administration, les actes d'aliénation doivent, au contraire, être déclarés nuls en vertu du principe: *Resoluto jure dantis resolvitur jus accipientis*. L'article 2125 fait application de cette règle aux constitutions d'hypothèque. La solution est évidemment la même pour les autres droits réels.

Il faut en dire autant des jugements. Un système permet cependant au vendeur d'invoquer les jugements qui sont rendus au profit de l'acheteur. On s'appuie sur le mandat tacite d'améliorer donné à l'acheteur. Cette manière de raisonner nous paraît contraire à la fois à l'article 1183 et à l'article 1351. L'article 1183, nous l'avons dit, est général et s'oppose à toute distinction. Quant à l'article 1351, il décide que la chose jugée n'a d'effet qu'à l'égard de ce qui a fait l'objet du jugement. Or, il se peut que l'acheteur ait triomphé par des moyens qui lui sont personnels. C'est ainsi qu'il a pu se prétendre propriétaire, parce qu'il avait une possession de bonne foi de dix ans. Pour nous, le mandat de plaider est indivisible. Il existe ou n'existe pas. Si le vendeur peut repousser les jugements qui lui nuisent, n'est-il pas juste qu'il ne profite pas de ceux qui lui sont utiles ?

Bien entendu, les solutions que nous donnons ne s'appliquent pas aux jugements qui ont été rendus sur les actes que l'acheteur avait pouvoir de faire.

Ce que nous disons des jugements s'applique aux transactions. Pour pouvoir transiger, il faut pouvoir aliéner (art. 2045), et il est démontré que l'acheteur n'a pas qualité à cet effet.

La résolution produit encore des effets remarquables au point de vue de la possession. Le vendeur pourra joindre la possession de l'acheteur à la sienne propre et acquérir ainsi la propriété par prescription. Mais ce n'est pas parce qu'il devient son ayant-cause qu'il peut invoquer cette accession de possession (art. 2235). Par l'effet rétroactif de la résolution, le vendeur est réputé n'avoir jamais perdu sa possession. La vérité est que l'acheteur l'a continuée en son nom comme instrument de détention. La conséquence pratique de cette manière de voir est que la possession s'apprécie dans la personne du vendeur. Puisqu'il ne fait que continuer son ancienne possession, le vendeur pourra arriver à la prescription pourvu que sa bonne foi ait existé au moment de l'acquisition (art. 2269).

Si l'immeuble vendu avait depuis la vente passé dans les mains d'un tiers possesseur, ce tiers pourrait opposer la prescription au vendeur après l'événement de la résolution. Le vendeur, en effet, en tant que propriétaire sous condition, avait qualité pour faire les actes conservatoires, notamment pour interrompre la prescription. La rétroactivité a néanmoins cette conséquence que le vendeur serait fondé à se prévaloir des causes de suspension qui auraient existé dans sa personne avant la résolution.

Quand la vente a pour objet un meuble, la résolution ne peut atteindre le tiers qui l'aurait acquis en vertu d'une vente ou d'un gage. La maxime : *Resoluto jure dantis resolvitur jus recipientis* subit ainsi une remarquable restriction par suite du principe : En fait de meubles, possession vaut titre. Mais le vendeur pourrait reprendre la chose dans les mains du tiers, si celui-ci l'avait acquise de mauvaise foi. Il se peut encore que l'objet vendu soit de telle nature qu'il échappe à l'application de l'article 2279. C'est ce qui arrive lorsqu'il s'agit d'un meuble incorporel, d'une créance.

Il est évident que la résolution ne peut être poursuivie au préjudice d'un créancier qui aurait acquis un privilège préférable à celui que la loi accorde au vendeur non payé. L'article 2102, § 4, décide que le privilège du vendeur ne s'exerce qu'après celui du bailleur, à moins qu'il ne soit prouvé que le bailleur avait connaissance que les meubles sur lesquels porte son gage n'appartenaient pas au locataire.

Le droit de résolution peut encore se trouver en conflit avec le droit des créanciers hypothécaires. On suppose que l'acheteur a incorporé le meuble vendu à un immeuble hypothéqué et l'a rendu immeuble par destination. La question se pose alors de savoir si le vendeur non payé est admis à demander la résolution à l'encontre des créanciers hypothécaires. La majorité des auteurs adopte la négative. D'après l'article 2133, dit-on, l'hypothèque s'étend de plein droit à toutes les améliorations survenues à l'immeuble hypothéqué, et, par le mot améliorations, la loi entend évidemment non seulement les constructions, les accroissements naturels, mais aussi les objets mobiliers que le propriétaire a rendus immeubles par destination. Relativement à ces objets, ajoute-t-on, les créanciers hypothécaires ne peuvent-ils pas être considérés comme étant dans la position d'un créancier gagiste, et invoquer à ce titre la règle de l'article 2279 ?

Cette opinion nous semble inadmissible. L'équité, tout d'abord, y est contraire : il n'est pas juste que le créancier hypothécaire voie son gage s'accroître au détriment de celui qui a une créance inhérente à l'objet même d'où vient l'accroissement ; cet objet ne doit entrer dans le patrimoine du débiteur que sous la condition du paiement du prix, soit à l'égard du débiteur lui-même, soit à l'égard de ses créanciers. La transformation que cet objet subit dans sa nature n'est que relative ; devenu immeuble par rapport avec le fonds auquel il est incorporé, il peut encore être considéré comme meuble à l'égard de celui qui l'a vendu comme tel. Le droit de résolution dont il est pourvu est un droit réel, qui se réalise par la reprise même de la chose et qui subsiste tant que l'objet est en la possession du débiteur. Celui-ci pourrait sans doute l'aliéner ou le donner en gage à un autre créancier, au détriment du vendeur. Mais de ce seul fait qu'il l'attache à un immeuble hypothéqué, on ne peut conclure qu'il l'affecte à son créancier hypothécaire, par préférence au vendeur. Enfin, un texte du Code de procédure nous le fournit, en faveur de notre opinion, un argument décisif. En effet, d'après l'article 593 du même Code, les objets que la loi déclare immeubles par destination ne peuvent être saisis, par la voie de la saisie-exécution, pour aucune créance, si ce n'est pour certaines causes spéciales, notamment pour sommes dues aux vendeurs desdits objets. Reconnaître au vendeur non payé de meubles immobilisés le droit de les saisir par voie mobilière, c'est déclarer qu'à son égard, ces meubles conservent leur qualité primitive et que les changements qu'on leur fait subir ne peuvent préjudicier à ses droits. L'article 593 nous apparaît comme une preuve formelle que les créanciers hypothécaires ne peuvent se prévaloir, au regard du vendeur, d'une immobilisation qui, pour lui, est en quelque sorte non avenue.

Mais, dit-on, l'hypothèque s'étend aux améliorations. L'argument n'est pas concluant, puisque l'article 2133 ne dit pas que cette extension met fin aux droits que les tiers avaient régulièrement acquis sur les choses qui ont servi à produire ces améliorations. Quant à l'assimilation qu'on s'efforce d'établir entre les créanciers hypothécaires et les créanciers gagistes, elle ne s'appuie sur aucune base. Pour le démontrer, il suffit de rappeler la première condition d'application de la maxime : En fait de meubles, possession vaut titre. Si le créancier gagiste peut invoquer l'article 2279.

c'est avant tout parce qu'il possède, et le créancier hypothécaire ne possède pas les meubles incorporés à l'immeuble
hypothéqué. Comment dès lors celui-ci pourrait-il invoquer un bénéfice accordé au seuls possesseurs de meubles ?

Quelques auteurs distinguent suivant que les créanciers
hypothécaires sont antérieurs ou postérieurs à l'immobilisation. Les premiers devraient subir l'action résolutoire,
puisqu'ils n'avaient pu compter sur la plus value que l'immeuble pourrait recevoir par la suite. Les seconds auraient,
au contraire, un droit acquis sur les meubles immobilisés, et ils
seraient fondés à repousser toute action qui pourrait amoindrir
leur gage. Nous ne saurions suivre cette opinion, puisqu'elle
s'appuie sur une distinction qui n'est écrite nulle part dans
la loi. L'article 2133 étant conçu dans les termes les plus
généraux, la seule question qui puisse se discuter est de
savoir s'il est opposable au vendeur non payé ; or, nous
avons répondu négativement en nous fondant sur la raison
et sur le texte de la loi.

Un arrêt de la Cour de cassation a fait une distinction
d'un autre genre. D'après cet arrêt, l'action en résolution
serait éteinte lorsque la chose mobilière sur laquelle elle
porte a été matériellement incorporée, de manière qu'elle ne
puisse plus être détachée du fonds sans fracture ni détérioration. La résolution pourrait, au contraire, être demandée
à l'encontre des créanciers hypothécaires toutes les fois que
l'immobilisation résulte d'une simple fiction de la loi, comme
lorsqu'il s'agit d'animaux attachés à la culture ou d'usten-
siles aratoires (Cass., 9 juin 1847). Cette doctrine nous paraît
très contestable. La Cour suprême ne l'appuie sur aucun texte,
ni sur aucune démonstration ; aussi nous contentons-nous
de lui opposer l'article 583 déjà cité et qui permet au vendeur de saisir par voie mobilière les meubles vendus, de

quelque manière qu'ils soient devenus immeubles par destination.

Disons donc que l'action en résolution est opposable aux créanciers hypothécaires dans tous les cas.

La loi hypothécaire belge tenant compte des développements nouveaux que prend chaque jour l'industrie, décide que le vendeur de machines ou d'appareils industriels est déchu de son action résolutoire à l'égard des créanciers de l'acheteur, dès qu'il est déchu de son action en revendication. Il résulte de là que, dans l'hypothèse précédemment examinée, le vendeur n'est plus admis à se prévaloir de son droit de résolution à l'égard des créanciers hypothécaires. En effet, il ne peut exercer la revendication que dans la huitaine de la livraison et en supposant que les choses vendues se trouvent encore dans le même état qu'au moment de la livraison; or, par le fait de l'incorporation, les machines changent d'état : ce sont désormais des immeubles que le vendeur ne peut ni revendiquer, ni par conséquent reprendre par l'exercice de son action résolutoire.

Nous avons jusqu'ici supposé les meubles vendus devenus immeubles par destination. Si maintenant il s'agit de meubles devenus immeubles par nature, l'action résolutoire est forcément éteinte, car l'article 593, qui nous a paru décisif dans la question précédente, ne parle que des immeubles par destination, qui seuls sont considérés encore comme meubles au regard du vendeur non payé.

Deux points nous restent à examiner relativement aux conséquences de la résolution. Nous avons d'abord à préciser l'influence de la résolution sur les droits réels que le vendeur a consentis sur la chose, alors qu'elle était encore dans les mains de l'acheteur. Nous n'hésitons pas à dire qu'ils sont définitivement validés. Puisque l'acheteur est propriétaire sous condition résolutoire, le vendeur est propriétaire sous condition suspensive. Dès lors, il peut conférer des droits réels, soumis à la même condition, conformément à l'article 2125. La vente étant rétroactivement résolue, le vendeur est censé n'avoir jamais cessé d'être propriétaire et, par suite, de pouvoir disposer de la chose.

L'opinion contraire a cependant été soutenue. On dit : le vendeur ayant transmis à l'acheteur en vertu du contrat tous les droits réels qu'il avait sur la chose, ne conserve plus, jusqu'à la résolution, qu'un droit personnel, et, par suite, les droits qu'il consent sont nuls comme n'émanant pas du propriétaire. C'est l'opinion que la jurisprudence applique constamment dans le cas de vente à réméré. Nous la repoussons comme contraire aux principes. Nous l'avons déjà dit, le vendeur n'est pas seulement créancier du prix, mais encore investi d'un droit réel conditionnel. Comment expliquer s'il n'est qu'un créancier, qu'il puisse reprendre l'immeuble libre de toutes charges dont l'acheteur l'aurait grevé avant la résolution ? Est-ce donc le propre du droit personnel d'être opposable aux tiers ? N'est-ce pas plutôt parce que la condition accomplie rétroagissant au jour du contrat ces droits consentis par l'acheteur sont nuls comme émanés *a non domino* ?

Le second point à examiner est relatif à la publicité du jugement résolutoire. Aux termes de l'article 4 de la loi du 23 mars 1855, tout jugement qui prononce la résolution d'un acte transcrit doit être mentionné en marge de la transcription faite sur le registre. La loi ne parle que des jugements. Les résolutions amiables ne sont donc pas soumises à la publicité. Dans le cas où la résolution s'opère de plein droit, nous avons admis que le jugement ne fait que constater la résolution accomplie. On pourrait alors soutenir que ce jugement ne doit pas être transcrit, puisque la loi ne s'occupe que des jugements prononçant la résolution. Nous préférons ce pendant l'opinion contraire, le but évident de la loi étant de soumettre toute résolution judiciaire à un système de publicité.

La loi exige que l'acte résolu ait été transcrit. Cela est naturel. La publicité ayant été donnée à une convention, elle doit être donnée à l'acte qui annule cette convention. La loi ajoute que le jugement doit avoir acquis l'autorité de la chose jugée. Il faut donc qu'il ne soit susceptible ni d'appel ni d'opposition.

C'est l'avoué qui est tenu de faire la mention exigée par la loi, dans le mois qui suit le jour où le jugement a acquis force de chose jugée. La sanction consiste dans l'amende de cent francs. Le vendeur n'y est pas soumis, la discussion de la loi de 1855 est formelle sur ce point. On peut ajouter que les déchéances ne se présument pas. La loi n'exige pas non plus que l'avoué soit passible de dommages-intérêts.

Inutile d'insister sur cette matière dénuée de toute importance doctrinale.

CHAPITRE VI

DE L'EXTINCTION DE L'ACTION EN RÉSOLUTION

Le Code civil ne reconnaît que trois modes d'extinction : la novation, la renonciation, la prescription. D'autres fins de non-recevoir sont créées par des lois postérieures. Ce sont des déchéances qui ne peuvent être invoquées que par les tiers. Nous étudierons successivement :

1° La novation ;

2° La renonciation ;

3° La prescription ;

4° Les déchéances.

§ 1 — Novation

Le droit de résolution, accessoire du prix, s'éteint toutes les fois que le vendeur fait novation de sa créance. Le principe qui domine dans cette matière est que la novation ne se présume pas (art. 1273). Ainsi l'acceptation de billets souscrits en paiement du prix n'emporte pas extinction de l'action résolutoire. Dans l'usage, en effet, cette acceptation n'est considérée que comme un moyen de faciliter le paiement, et l'effet libératoire de billets est subordonné à leur encaissement, j'estime qu'il doit en être ainsi, dans la plupart des cas, alors même que le contrat de vente porte quittance du prix. L'on ne peut dire avec certitude que le vendeur qui reçoit des effets de commerce entend renoncer à sa créance et se priver des garanties précieuses par lesquelles la loi assure l'exécution du contrat. Il me paraît plus naturel que, dans l'intention du vendeur, la quittance n'a été considérée comme libératoire qu'à la condition que les billets seront acquittés à leur échéance.

Nous avons admis que la conversion du prix de vente en une rente perpétuelle n'entraîne pas novation lorsque cette conversion avait lieu dans le contrat de vente. Mais il en est autrement si la conversion est opérée par une convention postérieure, sans réserve de l'action résolutoire, Pothier disant qu'il y avait novation dans ce cas. Les motifs qu'il invoquait à l'appui de son opinion conservent encore toute leur force dans le droit moderne. Le législateur, sur ce point, n'a manifesté nulle part l'intention de rompre avec la tradition. La constitution de rente n'est pas seulement modificative de la créance, elle donne encore naissance à une créance nouvelle, puisqu'elle confère au vendeur le droit d'exiger désormais des arrérages au lieu d'un capital.

§ 2. — Renonciation

La renonciation à l'action résolutoire peut être expresse ou tacite. Quand y a-t-il renonciation tacite? A Rome, le vendeur, en poursuivant le paiement, perdait le droit de demander la résolution. Cette doctrine avait été admise dans les pays de coutume (Pothier, vente n° 463). Aujourd'hui la loi exige, pour que la résolution puisse être demandée, que l'acheteur ne paie pas le prix (art. 1654). L'action en paiement est comme le préliminaire obligé de l'action résolutoire, elle ne peut donc être considérée comme entraînant renonciation. L'ordre naturel des idées exige d'ailleurs que le vendeur débute par son action principale, avant d'en venir à son action subsidiaire. C'est précisément parce qu'il a demandé l'exécution du contrat, sans avoir pu l'obtenir, qu'il demande maintenant et qu'il est fondé à demander la résolution.

Cette solution doit *a fortiori* être maintenue dans le cas où les parties ont stipulé que la vente sera résolue de plein droit faute de paiement au terme convenu. Nous avons admis, en effet, que la sommation dont parle l'article 1656 n'est pas une mise en demeure, mais qu'elle a pour but d'avertir l'acheteur de l'option que fait le vendeur pour la résolution, et ainsi de rendre le premier non recevable à se libérer par des offres de paiement ultérieures. Il n'y a donc pas là une demande de paiement, encore moins une renonciation à l'action résolutoire. La résolution est, au contraire, acquise au vendeur par cela seul qu'il a fait sommation conformément à l'article 1656.

La renonciation se présume, au contraire, lorsque le vendeur a provoqué la vente forcée de l'immeuble pour défaut de paiement. Il ne peut demander la résolution de l'adjudication en offrant de restituer le prix d'adjudication. Il n'est pas admissible qu'après avoir appelé les tiers à se porter adjudicataires, le vendeur puisse les évincer par l'exercice de son action résolutoire. Par le seul fait d'avoir provoqué l'adjudication, il renonce tacitement à son droit de résolution à l'égard des tiers adjudicataires, qui se présentent sur la foi de sa renonciation. Ainsi se forme entre le vendeur et l'adjudicataire une convention tacite par laquelle le vendeur s'oblige à ne pas demander la résolution de l'adjudication qu'il a lui-même provoquée. La doctrine et la jurisprudence sont d'accord sur ce point.

Il y a encore renonciation tacite quand le vendeur a autorisé ou approuvé la revente de l'immeuble ou la concession d'un droit réel sur cet immeuble. Cette autorisation ou cette approbation ne peut avoir pour effet que de confirmer la première vente en garantissant l'acheteur contre l'éviction qui le menace. Il s'est encore formé une convention tacite qui lie le vendeur à l'égard du tiers. Si le vendeur ne s'est pas réservé expressément le droit de résolution, c'est qu'il a entendu y renoncer purement et simplement.

En théorie, cette doctrine nous paraît incontestable, puisqu'elle découle des principes qui régissent la renonciation tacite. Une seule restriction s'impose par application des mêmes principes. C'est que la renonciation ne se présume pas : c'est à dire que le fait d'où l'on induit la renonciation doit être de telle nature, que l'on ne puisse l'interpréter autrement que par l'intention de renoncer à l'action résolutoire. Les juges apprécieront, suivant les circonstances, quelle est l'intention du vendeur à cet égard. Cette appréciation a donné lieu à de nombreuses décisions contradictoires sur la question de savoir si le vendeur, qui se produit dans l'ordre ouvert pour la distribution du prix de revente, doit être considéré comme ayant approuvé la revente et, par suite, comme ayant renoncé à l'action résolutoire. La question est aussi très controversée en doctrine ; n'est ce pas parce qu'on a vu une question de droit là où il n'y a qu'une question de fait ? (Laurent, t. XXIV, n° 363).

Le vendeur ne renonce pas à son droit de résolution en acceptant le sous-acquéreur comme débiteur du prix aux lieu et place de l'acheteur primitif. Cette acceptation n'a d'autre effet que de libérer le débiteur délégant, sans porter aucune atteinte aux droits que le vendeur tient de son contrat. L'intention évidente du vendeur est, en effet, de conserver vis-à-vis du délégué la position qu'il occupait vis-à-vis du déléguant.

Ce n'est là qu'une application du principe que la renonciation à un droit ne se présume pas.

Disons, en terminant, qu'en cas de revente la renonciation d'un précédent vendeur à son action résolutoire n'empêche pas le vendeur subséquent d'exercer la même action, alors même que celui-ci lui aurait délégué une partie du prix stipulé dans l'acte de revente. En effet, le vendeur subséquent est, par rapport à son acheteur, dans la même situation que le vendeur primitif avait envers lui-même. De même que celui-ci pouvait demander la résolution de la première vente, de même le vendeur subséquent jouit du droit d'agir en résolution contre le sous-acquéreur. L'action résolutoire qui lui appartient est indépendante de celle du précédent vendeur non payé. Il en résulte que la renonciation que fait ce dernier ne peut porter aucune atteinte aux droits que le vendeur subséquent tient de son contrat. Sans doute, l'acte de revente contient la délégation pour une portion de la nouvelle créance, mais cette délégation ne peut avoir d'effet que relativement à la somme qui a fait l'objet de la délégation. Quant au surplus du prix de revente, l'action résolutoire demeure intacte conformément au principe déjà posé que l'inexécution même partielle donne naissance au droit de résolution. La jurisprudence s'est d'ailleurs prononcée dans ce sens (Cass., 13 juillet 1847 ; — Chamb. réun. Cass., 20 juin 1850).

§ 3. — *Prescription*

L'action en résolution se prescrit par trente ans tant que la chose vendue demeure dans les mains de l'acheteur (art. 2262). C'est à tort qu'on objecte l'article 1304, qui établit la prescription de dix ans pour les actions en nullité ou en rescision des contrats. La résolution est autre chose que la nullité ou la rescision. Tandis que celle-ci a son fondement dans un vice du contrat, la résolution repose sur la volonté expresse ou présumée des parties contractantes. Le motif qui a déterminé le législateur à édicter la prescription abrégée de l'article 1304 fait donc défaut dans notre matière, et le droit commun reprend tout son empire.

Mais que décider si la chose vendue a passé par suite d'une revente aux mains d'un tiers ? Il faut distinguer suivant qu'il s'agit d'un meuble ou d'un immeuble. Si la chose vendue est mobilière, le tiers acquéreur en devient propriétaire par le fait seul de sa possession, pourvu qu'il soit de bonne foi et que le meuble soit corporel (art. 2279). Dans le cas contraire, la prescription ne s'accomplit que par trente ans.

Lors, au contraire, que la vente est immobilière, le tiers pourra opposer l'usucapion de dix ou vingt ans. La loi exige, dans ce cas, deux conditions, le juste titre et la bonne foi (art. 2265). Il ne faut pas oublier que vis-à-vis des tiers l'action qui appartient au vendeur est, non l'action en résolution, mais une véritable revendication. Dès lors, l'application de l'article 2265 nous paraît hors de toute contestation.

Quelques cours avaient cependant rejeté cette solution et refusaient au tiers de bonne foi la faculté d'invoquer la prescription de dix ou vingt ans. Il suffit, disaient elles, de lire l'article 2265 pour se convaincre qu'il n'est applicable qu'au tiers qui acquiert *a non domino*, ce qui n'est pas le cas du tiers acquéreur, qui traite avec le véritable propriétaire. L'article 2262, ajoute-t-on, dispose que « toutes les actions, tant réelles que personnelles, sont prescrites par trente ans »; la généralité de ses termes prouve que toute restriction est contraire à la loi. (Paris, 4 décembre 1826; 4 mars 1835; — Montpellier, 29 mai 1827).

Cette jurisprudence est généralement repoussée aujourd'hui, et avec raison. L'article 2262, il est vrai, est général, mais l'argument qu'on en tire n'est guère concluant. L'article

2205 y apporte des restrictions, et il s'agit de savoir s'il est applicable dans notre cas. Or, il n'est pas difficile de démontrer que les arrêts ci-dessus font une fausse application du texte. Si l'article 2205 a été édicté pour le possesseur qui acquiert *a non domino*, il doit *a fortiori*, s'appliquer au possesseur qui acquiert du véritable propriétaire. On ne comprendrait pas que le fait d'avoir traité avec le propriétaire constitue une cause de déchéance. D'ailleurs, peut-on dire dans l'espèce que le tiers a acquis du propriétaire? Il semble qu'une pareille interprétation se concilie mal avec les principes. L'acheteur, propriétaire sous condition résolutoire ne peut transférer que des droits soumis à la même condition, et la résolution opérant rétroactivement, il est réputé n'avoir jamais été propriétaire. Nous l'avons dit, l'action qui compète au vendeur est une revendication, et, par conséquent, les règles qui doivent s'appliquer sont celles qui régissent la prescription acquisitive. L'article 2180 fournit sur ce point un argument d'analogie décisif. Le texte permet, en effet, au tiers détenteur d'un immeuble hypothéqué, s'il est de bonne foi, de prescrire par dix ou vingt ans contre l'action du créancier hypothécaire. Or, n'est ce pas vrai que le tiers qui acquiert un immeuble non payé se trouve dans la même position que celui qui achète un fonds grevé d'hypothèques, car l'action résolutoire confère un véritable droit de suite dans les mains des tiers ? Enfin, notre système est encore en harmonie avec les principes admis dans l'ancien droit (Pothier, *Traité de la prescription*, n° 120). La Cour de cassation s'est d'ailleurs prononcée dans ce sens (Cass., 31 janvier 1844).

La seule difficulté qui puisse s'élever en cette matière est de savoir quand le tiers acquéreur est réputé de bonne foi. Quelques auteurs enseignent qu'il doit être considéré comme de mauvaise foi, lorsque le titre de son auteur porte que le prix n'est pas payé, ou que le privilège du vendeur est

inscrit. Cette opinion par trop absolue doit être repoussée.
Il nous paraît plus sûr de décider que la bonne foi est une
question de fait, que l'article 2268 la présume, que nulle
part le législateur n'a édicté la présomption contraire pour
les cas que nous venons de citer. Le juge appréciera, suivant
les circonstances, s'il est ou non prouvé que le sous-acquéreur avait connaissance du non paiement du prix.

D'après M. Labbé, l'article 2265 ne pourra être invoqué,
faute de juste titre, si l'acte de vente est nul sur la liberté de
l'immeuble transmis (Labbé, sur l'arrêt de la cour de Paris du
12 juin 1866, *J. du Pal.*, 1867, p. 198 et s.). Cette doctrine
nous paraît encore trop rigoureuse pour les tiers. L'éviction est
un fait exceptionnel ; l'état normal consiste dans la franchise
de la propriété. Le silence des parties sur la qualité de la
propriété aliénée ne saurait détruire cette présomption.

Une dernière question nous reste à examiner relativement
à la prescription. Quel est le point de départ des prescriptions
en faveur des tiers ? Est-ce le moment de son acquisition ou
le terme fixé pour le paiement du prix ? La solution dépend de
la question suivante. L'article 2257, d'après lequel « la prescription ne court point à l'égard d'une créance à jour fixe
jusqu'à ce que ce jour soit arrivé », est-il applicable ici ? C'est
là l'une de ces questions qui divisent la jurisprudence d'un
côté (Cass., 28 juillet 1862) et la doctrine tout entière, de
l'autre. Nous adoptons sans hésitation l'opinion de la doctrine.
En effet, l'article 2257 ne parle que des créances ; on ne peut
dire d'une manière plus nette que la règle qu'il pose ne s'applique qu'à la prescription libératoire. Or, nous l'avons dit,
la prescription qui s'accomplit au profit des tiers est une
prescription acquisitive. Cette prescription, fondée sur la
possession, doit s'accomplir indépendamment des causes de
suspension admises en faveur du créancier. Le tiers acquéreur
peut ignorer l'existence des droits réels dont l'immeuble est

affecté, et cette ignorance est même présumée par la loi (art. 2208). Comme propriétaire sous condition suspensive, le vendeur pouvait d'ailleurs interrompre la prescription, et s'il ne l'a pas fait, qu'il supporte les conséquences de sa négligence.

§ 4. — *Résolution.*

L'action résolutoire du vendeur peut être envisagée sous un double aspect : Comme action *personnelle* contre l'acheteur, elle est à la fois équitable et conforme aux principes admis en matière de conventions synallagmatiques (art. 1184). Comme action *réelle*, par cela même qu'elle s'attaque aux droits des tiers, elle produit des résultats déplorables, d'après le système du Code civil.

Tandis que le législateur admet la publicité du privilège (art. 2108), l'action en résolution est clandestine. Dans des circonstances nombreuses où le privilège était perdu, l'action résolutoire subsistait, après l'accomplissement des formalités de la purge, après l'adjudication et même après la clôture de l'ordre.

Après dix, vingt et parfois même trente ans, un tiers acquéreur, qui se croyait propriétaire définitif, pouvait se trouver tout à coup dépouillé par l'exercice d'une action en résolution, jusqu'alors restée inconnue. On peut ajouter que, plus redoutable dans ses effets que le privilège, le droit de résolution ne se résout pas en un simple droit de préférence sur le prix, et qu'il est insusceptible d'être purgé.

L'incertitude qu'un pareil système crée dans l'état de propriété était de nature à entraver la circulation des biens, à paralyser le crédit, à arrêter l'essor des améliorations utiles. Les réclamations ne tardèrent pas à devenir universelles. Aussi des lois postérieures sont-elles venues modifier cet état de choses désastreux.

www.ingramcontent.com/pod-product-compliance
Ingram Content Group UK Ltd.
Pitfield, Milton Keynes, MK11 3LW, UK
UKHW022112070726
13613UKWH00003B/1014